しあわせな
人生の育て方

永瀬千枝 著

セルバ出版

はじめに

あなたは
「毎日を機嫌よく暮らせたらいいのになあ…」
と、つぶやいたことはありませんか？

「素敵な人と結婚できたら」

「子どもが生まれたら」

「お金が今よりもたくさんあったら」

「仕事で認めてもらえたら」

「夫が育児にもっと協力的なら」

私は機嫌よく暮らせるのに…と思う人も多いかもしれません。


しかし、それらを手に入れたとしても、時間がたつとまた不機嫌な日々を過ごしたり、しあわせを感じられなくなったりしてしまう人をよく見かけます。

家庭では夫婦や子ども、自分の親や兄弟姉妹、義理の両親との関わりの中に問題が起きることがよくあります。

そして、そんな家庭の悩みや問題を抱えたまま、人々が集まるところが職場です。

ですから職場に集う人々の抱える、仕事とは関係のない家庭の悩みや、個人の心身の不調が職場の空気を悪くしたり、人間関係を難しくしたりしていることが多いのです。

特に経営者や職場の上司の声や言葉、表情や機嫌のよし悪しは、職場全体の空気に大きな影響をおよぼします。

ピリピリした空気は周囲の人たちを常に緊張させてこころや体、そして生産能力や離職率にも影響を与えてしまうのです。

その場合、給料を上げる、お休みを増やすなどの待遇改善がなされても、職場の人間関係や緊張感という根本的な原因が解決されないので、しばらくするとまた空気が悪くなったりミスが起きたり、離職率が下がらないということを繰り返すようです。

私たちは、こころや身体に余裕がなくなると、不安や怒りという感情に囚われやすくなり不機嫌になります。

ですから「しあわせな家庭」「イキイキとしたあたたかな職場」をつくるには、そこに集う一人ひとりが、こころと体に余裕を取り戻し、機嫌よく生きる力をつけることが大切なのです。

現代の女性は、妊娠・出産・家事・育児・子どもの教育や家族の健康を支えるという家庭での役割と、職場では人間関係に気を使いながら、責任をもって仕事をこなす社会人、という立場を当たり前のように求められることが多くなりました。

そして妊娠中は、つわりや体の不調に戸惑いながらも、

「みんなそうだから」

「妊娠は病気じゃないから…」と自分に言い聞かせながら、仕事も家事もがんばります。

「全治1か月の交通事故と同じほどのダメージを身体に負う」といわれる出産後は、身体の中のホルモンバランスが急激に変化して精神的にも不安定になります。

それでも、心身が安定しない状態の中で、昼夜を問わない数時間置きの授乳やおむつ替えで寝不足になりながら、泣きやまない赤ちゃんを1日中抱っこしながら途方に暮れるよ

うな24時間体制の育児が始まるのです。

昔から「産褥期」と言われる6～8週間は、布団を敷きっぱなしにして横になり、身体をしっかり休める「養生」が絶対的に必要だといわれてきました。

ですから、臨月には実家に帰ってお産をして、地方では村などの地域の人たちが集まって洗濯や食事の準備などの、産後の養生を手伝うという風習もあったほどです。

しかし最近では、実家が遠い、実家の母は介護や仕事で忙しい、もともと母親との関係がよくないという理由や、夫が単身赴任や不規則な勤務で協力が得られないので、退院直後から上の子どもの世話をしなければならない、など様々な事情から、産後なのにゆっくり養生することができない母親が増えていることが問題となっています。

そして産後だけでなく、夫がいてもいなくても、母親がほぼ一人で赤ちゃんの世話をしながら、家事や上の子の育児を、24時間３６５日休みなくしなければならないという、深夜の外食チェーンやコンビニでの過酷な労働環境として表現される「ワンオペ」状態になり、母親の「究極の余裕のなさ」の状態がつくられていることも問題なのです。

私が理事長をつとめている、NPO法人「きゃんどるハート」は、佐賀県みやき町にて産後ケアサポートから始まりました。

そこでは助産師・看護師・ストレスケアカウンセラー・調理師・託児サポーターたちがみやき町と協同して、産後六か月までの母親の、こころと体の余裕を取り戻すための養生デイサービスを提供しています

主に出生届を出したときにみやき町からお祝いとして配布される2枚の「産後養生デイサービス無料チケット」を利用した母親が、その後も継続して来られるケースが多いのですが、時期によっては町外から駆け込み寺のように赤ちゃんと一緒に来られる母親も見られます。

見晴らしのいい緑に恵まれた四季彩の丘に建つ、赤い屋根の産前産後サポートステーションでは、赤ちゃんを看護師・託児サポーターに預けて沐浴や子守りをしてもらっている間、お母さんは、一人でゆっくり入浴したり、産後の体にやさしい「養生ランチ」を味わったりしながら召し上がります、

ベテラン助産師の乳房ケアを受けながら育児の不安などの相談をした後、ストレスケア

カウンセラーのリラクセーションの施術を受けて、お昼寝をしたり、1人きりの時間を満喫したりするなど、日頃の育児から少しだけ解放されて、しっかりと休んでいただくという活動は、母親がこころと体に余裕を取り戻して、自宅に戻っても赤ちゃんと笑顔で向き合えるようになって欲しいとの願いから7年前からスタートしたものです。

子育て中のお母さんたちが、笑顔で子育てできれば、家族みんなが笑顔になります。

小学5年生の子どもが一番しあわせなときは「お母さんが笑っているとき」という答えが一番多かったというアンケートの結果もあるほどなのです。

ところで、機嫌よく毎日を過ごすには、いくつかの技術が必要だとご存じでしょうか？
私はNPO法人きゃんどるハートを立ち上げる前に、バランスセラピー学というストレスケア教育にたずさわり、福岡県久留米市を拠点にして、佐賀・鹿児島・大阪・京都・岩国などでストレスケアカウンセラー養成の研修や講演に明け暮れる日々を送っていました。

そこには、医療施設で働く医師や看護師、介護職の方や主婦の方々などが、よりいい人間関係をつくり、自分の人生をもっとイキイキと笑顔で過ごせるようになりたいと願って、仕事の合間に熱心に学びに来られていました。

そして、様々な自分自身の問題や悩みを人生のチャンスとしてとらえて、山あり谷ありの人生を笑顔で乗り越える力を身に付けていく卒業生をたくさん送り出してきました。

そのうち、私は機嫌よく生きるための、ストレスを自己成長の力にする考え方や言葉の使い方、そして脳を元気にするセルフケアの技術を，お母さんや子ども、高齢者の方々など、もっとたくさんの人々に広く伝える活動を始めました。

人生と生活という言葉はよく似ていますが、生活とは日々の暮らしぶりを表し、人生とは「日々の体験をどう受け止めるか」という思考の習慣や、日々の自分の感情の積み重ねがつくり上げるストーリーなのだという違いがあるようです。

ですから、毎日を機嫌よく過ごせるということは「しあわせな人生」を自分自身で育てているということになります。

そして、あなたが機嫌よく過ごすことは、自分の人生を素晴らしいものにするだけでなく家族を笑顔にして、職場を元気にする力になるのです。

本書では「しあわせな人生を送りたい」「家族としあわせに暮らしたい」と、願っている皆さんに、機嫌よく生きるための生活習慣や言葉の使い方、そしてそれを支える脳を元気にするためのコツをお伝えしたいと思います。

あなたがしあわせになると、あなたの大切な人が笑顔になります。

そしてその笑顔が、またあなたをいっそうしあわせにしてくれるのです。

二〇二二年十二月

永瀬　千枝

しあわせな人生の育て方　目次

第四章　私という花の育て方

最終章　しあわせな人生を育てる

第一章　こころと体に余裕を取り戻す

ストレスを引き起こす原因

皆さんは、毎日の暮らしの中で余裕を感じられていますか？

時間に余裕があるときは、物事にもじっくりと丁寧に取り組めて、充実感を得ることができます。

また、こころに余裕があるときは、体もリラックスしていて自然と笑顔がふえ、家族にやさしい言葉かけができたり、職場では楽しく仕事ができたり、穏やかな人とのつながりを持つことができているのではないでしょうか。

そんなときは、食事もおいしくいただけて、夜もぐっすりと眠れることでしょう。

すると、翌朝は気持ちよく目覚め、一日中、機嫌よく過ごすことができます。

しかし、余裕がないときは、一生懸命頑張っているのになぜか不機嫌になってしまい、思うような結果も出せなくなってしまったという経験があるのではないでしょうか。実は

よくあるストレスの原因

10代

人間関係・受験
他者との比較
いじめ

40代

ローン
子どもの教育費
仕事の責任

20代

仕事えらび
理想と現実のギャップ
恋愛

50代

子離れ・健康問題
親の介護
更年期

30代

結婚・育児
様々な役割と責任
時間がない

60代

生きがいに関すること
自分や家族の将来の不安
孤独

そんな状態をつくるのは心身に潜むストレスなのです。そして、そのストレスを引き起こす原因（ストレッサー）は、日々の生活の中にたくさんあります。

余裕を奪う世代別ストレッサー

ここでは、年代別に暮らしの中のストレッサーを見ていきましょう。

0～10歳

この世に生まれて最初に関わるのは親や兄弟など家族です。

家族が笑顔で和やかに過ごしていると、子どもは安心して、すくすくと成長します。

しかし、家族の悪口をいつも聞かされたり、喧嘩が絶えなかったりすると、子どもは不安になって、こころも体も常に緊張するようになります。

次のような症状は子どものストレス症状です。

・すぐに怒る。　兄弟や友だちと、よくケンカをする
・無表情・笑わない・不機嫌・姿勢が悪い
・何かにつけ反抗する
・頻繁に腹痛や体の不調を訴える
・ちょっとしたことで泣きわめく

そして仕事と家事を両立させてがんばることの多い現代の母親には、次のようなストレス症状が現れることが多いようです

・「～ねばならない」が多い
・兄弟を比較して、優劣をつけがち
・素直ないい子に育てたいという気持ちが強い
・子どもの成績や他人の評価がとても気になる
・子どもや夫など家族の欠点が目に付く
・許せない人、許せないことが多い
・感情のコントロールができず、いつも子どもを怒っている
・ゼロか１００というような極端な評価をしがち

・うまくいかないのは、努力が足りないからだと思う
・自分ばかり我慢しているような気がする
幼い子どもにとって母親の存在は全世界のようなものなので、母親の心身の状態は、子どもの人生にも大きな影響を与えてしまいます。

10代

偏差値の高い進学校に入学しなければならないというプレッシャーは、10代の子どもにとっては大きなストレスになります。

特に親や、兄弟姉妹が優秀な場合は、「合格しなければ、家族から認めてもらえない」というような偏った思い込みにもつながり、結果が出せなかった場合には、「自分はダメな人間だ」などの自己評価の低下が、コンプレックスというこころの傷になることもあります。

家族の「〜ねばならない」という価値観を「〜に越したことはない」に変えることができたら、それぞれの個性や長所を伸ばせて、もっと楽にイキイキできるのになあ……とカ

ウンセリングの現場ではよく感じます。

「素直でよい子、立派な人間に育てたい」

という**親の無意識な支配が、子どもの苦しみを深めてしまうことが多い**ということをご存じですか？

「あなたのためを思って……」

「将来、安心して過ごせるために……」

親の「よかれと思って」という価値観や夢に対して、子どもは親を喜ばせたくて期待に応えようとしてがんばります。

しかし結果が出せなかったときに自信をなくして自己否定するようになり、そのうち自分が本当にやりたいことがわからなくなったり、最初からあきらめてしまったりする子どもたちがどれほど多いことでしょう。

以前、その地区では偏差値が高いと評判の高校の全体集会で、ストレスケアの研修をしたことがありました。そこで私は学生の皆さんに質問をしました。

「みなさんは、今日の自分のしあわせだという感覚に点数をつけたら何点ですか？」

質問をして、下を向いて目をつぶって手をあげてもらいました。

「1点の人」「2点」「3点」……と私がマイクで言うと、手があちこちであがり始めました。

一番多かったのは「5点」「6点」です。驚いたことに10点の子どもは1人もいませんでした。


世界中の高校生のなかでも、ダントツ1位で70％が「あまりしあわせではない」と日本の高校生が答えた、というアンケートを見ていたので本当かなあ？　と、試してみたのですが、たしかにその通りでした。

「求めても得られなかったから（得られる自信がないから）自分はしあわせではない」

そんな価値観の構図がそこにはあります。そして求めた価値観は、自分が過去に親や誰かから求められたものなのです。

親からの自分と兄弟姉妹との比較に苦しみ、それが学校や社会での人間関係を悪くする原因となっていくこともあります。

親が口癖のように毎日、兄弟姉妹を比較していると、比較された子どもは自分の短所ばかりに目がいくようになります。

すると自分だけでなく、他人の短所を見つけることが得意になってしまうでしょう。

そして自己否定が強くなり、親から愛されていないとも感じてしまいます。

子どもは親から愛され、丸ごと認められることで、自分の存在の価値のすばらしさを学び、自分の将来に希望を持っていくのです。

「自分なんて生まれてこなければよかった」「死んだほうがましだ」などと、10代の反抗期に口にすることがありますが、それは「私を認めて！」「もっと愛して」という叫びなのです。

20代

夢と希望を持って社会に踏み出した頃は無我夢中でがんばっていたけど、しばらくすると理想と現実のギャップに困惑したり、なれない仕事や職場の人間関係に疲弊して、体調を崩したりする人も出てきます。そしてしばらくすると、

「もっと自分には適した仕事があるはずだ」

「人間関係で悩まなくてもよい職場があるのではないだろうか？」

などの迷いが出てやる気を失い、３年もしないうちに退職を考える20代が増えています。

世の中にはたくさんの情報があふれていて、Ｗｅｂを開けば会社を辞めて成功した人の話が目に留まり、テレビをつければ転職を促すＣＭが流れています。

選択肢がたくさんあるように見えるので、

「仕事なんていくらでもあるに違いない。自分にあう職場を探そう」

と、迷い始めて、今の仕事を辞めるのです。

20代は、社会人として頑張ることを求められたり、理不尽なことでも我慢しなければならない場面が増えたりします。

そうすると、身体は緊張して、不安や怒り、恨みなどの感情を時間とは無関係に保存していくことで疲労していきます。

そして、疲労すると「迷う」ことが多くなり、たとえ何かを決めても、しばらくすると、また迷いが生じるようになるのです。

これは仕事だけではありません。恋愛や結婚においても同じようなことが言えます。学歴や年収、容姿や家庭環境などの表面的なものを比べて、そのときは「この人がいい！」と決めても、疲労のせいで、相手の長所に気づくセンサーが鈍くなり、お付き合いしても、結婚しても「正しい選択だったのかなあ……」と、また迷うということになりがちなのです。

相手の内面や、自分自身と向き合わなければ、あたたかで、互いに理解し合える関りを育てるのは難しいようです。

こころと体に余裕があれば、困ったことや苦しいことがあっても、懸命に向き合い、自分自身の成長を一つの目標として取り組めるので、乗り越えることができるようになります。嫌なことがあっても、今いる場所で「もう一度頑張ろう」と思えるのです。

また、できる・できないという視点だけで考えると、仕事や家事、そして育児でも、途中で放りだしたくなるかもしれません。

「自分は今成長しつつある」という、日々の成長のプロセスの中に意味を見出す力を養うためにも、こころと体に余裕を持つことが必要なのです。

30代

人生のライフイベントが目白押しにやってくる時期でもあります。仕事もプライベートも充実し、時間に追われながら、とても忙しく過ごす時期かもしれません。

あらゆる場面で求められるものが多くなり、心身に余裕を持つことは大変です。

結婚して、しあわせを感じながらも新しい環境に適応し、自分と相手のリズムや価値観を合わせることにストレスを感じることも多々あるでしょう。

そして、妊娠・出産はホルモンバランスの変化により、女性のこころと体に大きな影響を与えます。

責任ある仕事を任されていた人の中には、職場のことが気がかりなまま、産休を迎えて、出産後は、育児に追われる毎日を過ごすという人もいます。

少しでも早く職場に復帰したい気持ちや、「育休のブランクを埋めることはできるのだろうか？　自分の居場所がなくなるのかもしれない」という、心配や不安を持ちながら、出産と同時に赤ちゃんが入園できる保育園を探し始める「保活」に取り組み、「なんとかしなければ職場復帰できない！」と焦る人も多いようです。

復帰した後は、時間を気にしながら保育園に迎えに行き、やっと寝かせついたと思ったら、明日までに会議の資料をつくらなければならない…ということもあります。

今の時代は、子どもがいるからと甘えていられません。子どもがいない人と同じように会社でも女性も活躍が期待されるようです。

時代とともに働き方にも変化があり、自宅でリモート勤務も可能になりましたが、家で仕事をすれば楽になるというわけでもありません。

仕事中に赤ちゃんをあやし､家事もしなければなりません。通勤の移動はなくなっても、唯一の息抜きだった通勤中の１人の時間も奪われてしまいます。

車の中でラジオを聞いたり、音楽を聴いたりすることで、リフレッシュできていたのだと、改めて１人になる時間の大切さを思い知るという人もいるでしょう。

「余裕なんかつくれない！」とイライラしたり、不機嫌になったりするなど、30代は後で振り返ると「大変な時期だった」と、思う人が多いのかもしれません。

40代

40代は経済的な負担が大きく、たとえ夫婦で働いていても、将来に対する不安を感じている人が多いようです。

家は買ったものの、住宅ローンに子どもの塾代や学費、「いったい、いくらあれば足りるのかしら？」と家計簿とにらめっこしながら、やりくりを迫られます。

また、夫も働き盛りで忙しいせいか、反抗期の子どもの態度や成績について話を聴いてほしいと思っても「疲れているから後にしてくれ」と言って、拒否されてしまう……。

「まるで親になったのは、自分だけのようだ」

と、夫に対して、怒りや不信感を募らせて、夫婦と言えども他人なんだなあ……としみじみ感じるなど、家の中の空気がよそよそしくなりがちな時期かもしれません。

仕事も責任を負う中間管理職となり、上司と部下の間に挟まれ、逃げ場がありません。家に帰れば受験生の子どもがいて、どうしても緊張した空気が漂っています。

「私だけ、どうしてこんなに大変な思いをしなければならないの？」

「あ～疲れたわ」
という言葉が口癖になっていませんか？
お金にも時間にも余裕がなく、どんどん息苦しくなりがちな時期です。
家族を笑顔で支えられる余裕をとりもどしたいですね。

50代

閉経の前後合わせて10年間の更年期と言われる時期は、ホルモンバランスの変化により、不眠・不安感・頭痛・腰痛・肩こりや冷え症などになり、気分も落ち込みやすくなる時期です。ヒステリックになったり、わけもなく涙がでたりするなど、感情がコントロールできなくなることも増えます。

改めて自分のこころと体と向き合う時期かもしれません。

高齢出産の場合、中学生の子どもの反抗期と、自分の更年期が重なって、家庭の空気がギスギスしていて、「こころが休まらない……」と話される方もいます。

そのうえ、実家や義親の看護や介護を担う時期でもあり、「しなければならない」というプレッシャーと、自分自身の更年期の不定愁訴が重なって、体力や免疫の低下を感じ、健康にも人間関係にも自信が持てなくなったりします。

子どもの独立や親の介護など、さみしいやら大変やら、これっていつまで続くのかしらと思いながらも毎日に追われて自分をいたわる余裕がなくなりやすい頃です。

こんなに頑張っているのに報われる日が来るのかしら？　と、家族や自分を取り巻く環境の変化に振り回されていると嘆くことで、ストレスをより強く感じるということにもなります。

60代以降

これからどうやって生きていこうかしら……。年齢とともに不安は加速します。

筋力の低下や身体の不調を感じて、病院通いが日課になる人も多くなるようです。

夫が定年退職し、一日中家にいるために、昼食の支度などの夫の世話が増えてしまい、夫との生活にストレスを強く感じる妻が不眠，不安、動悸息切れなどの不定愁訴を訴えるケースもあります。

また、フルタイムで働く子どもに頼まれて孫の世話をするのですが、体力と自分の時間をうばわれ、支出は増えるし、部屋は散らかる……孫はかわいいけど、「孫ブルー」になっている、という話もよく聞きます。

高齢者の三大不安はお金、孤独、寿命です。

日本人の寿命は世界一長いけれど、寝たきりが多くて健康寿命は平均寿命よりも、10年以上短いというのが現実です。**これからは健康寿命をできるだけ寿命に等しく伸ばすための、ストレスに対する考え方や生活の中での習慣を見直す必要があるようです。**

「時間はあるけれど、お金がない」

「お金があっても、やることがない」

「一緒に楽しめる人がいない」

こんな話をよく耳にします。

そして出かけることも、人と話すことも少なくなると、孤独感につけこんだ、高齢者を狙った詐欺などのトラブルに巻き込まれたりもします。

上手な年の重ね方とは、何歳になっても「社会に自分の居場所があると感じられること」だとご存じですか？

それは社会で働き続けなければいけないというものではなく、他人に対しての言葉や態度を和やかに、礼儀正しくあいさつをするなどの、自分は人の役に立てているという自覚を持ち続けるということなのかもしれません。

例えば入院していて、検温に来た看護師さんに、「いつもありがとうございます」と、笑顔で感謝することで看護師さんはホッと嬉しくなります。

そして、自分の言葉で「誰かが喜んでくれた」「和んでくれた」などの相手の反応は、自分自身を元気にしてくれるのです。

感謝の気持ちで毎日を過ごす高齢者は、表情もおだやかで機嫌がいいので、周りに人が集まってきます。

反対に、**不平不満や愚痴を口にするのが習慣になっている高齢者には、誰も寄り付かなくなり、ますます孤独感を募らせて不平・不満のループの中で毎日を過ごすことになる**ようです。

笑顔で感謝を伝えるという習慣をトレーニングして身に付けることで、自分の人生を素晴らしいものにしようという目標を、若いころから持つことはとても大事なことなのです。

生涯を通してストレスの原因になる出来事

世代別のストレスだけでなく、生涯を通してストレスの原因になる出来事はたくさんあります。

次の図を見ていただくと人間関係・仕事・不安・心配・多忙・責任など、普段の会話の中によく出てくる悩みの元になるものもありますが「環境が変わる」ということが、ストレスの原因になることはあまり知られていないようです。

例えば離婚や会社の倒産・転勤や転校がストレスの原因になるのは理解できても、結婚・昇進などのおめでたいことも、私たちのこころと体にとっては「変化・刺激」というストレスの原因になるということはあまり知られていません。

また、**生老病死などの「四苦八苦」はすべての人類に共通にかかるストレスの原因とも**

【生涯を通してストレスの原因になる出来事】

人間関係

・自分と親との関係
（親が過干渉・放任等
・自分の子供との関係
・職場の上司、部下、同僚との関係
・学校や先生や友人との関係
・地域社会における人間関係
・夫婦間　　・嫁姑間

環境

・配偶者の死
・人事異動　・会社の倒産
・転勤、転校・リストラ
・定年退職　・結婚、妊娠
・昇進、昇格
・離婚
・借金

仕事

・休日がない
・規則が厳しい
・ノルマを達成しなければならない
・長時間の残業が多い
・不規則な勤務体制
・待遇に対する不満
・競争社会

多忙責任

・仕事と家庭の両立
・仕事と介護の両立
・家庭や職場での役割に対する責任
・自由な時間がない

不安心配

・自分の健康
・家族の健康
・介護・現在や将来の経済状態
・子供の受験
・子供の不登校、情緒不安など

四苦八苦

・生　　・嫌いな人がいる
・老　　・別れ
・病　　・迷い
・死　　・求める

いわれています。嫌いな人は身近にいますし、反対に死別生別問わず、必ず出会いには別れがあります。

しかし、このような生涯を通して付き合っていかねばならないストレスの原因の中でこそ私たちは成長していくとも言われます。

思い通りにならない出来事に出会ったときこそ、「どう受け止めるか」という力を身に人生を豊かにする、成長につながるチャンスとなるということかもしれません。

こころと体に余裕を持たせる脳

ストレスというと、こころや気分の問題だと思っている人も多いようですが、実はこころではなく、**脳の問題**なのです。

ひと昔前はよく、「これくらいのことは根性で乗り越えろ！」などと、言われていましたが、いくら頑張っても、脳が疲れていてはものごとを乗り越えることはできません。無理に乗り越えようとすると、病気になったり、怪我をしたり、身体に異常が表れてしまいます。

脳のしくみをご存じですか？

脳には言語を司る大脳新皮質、感情や本能に深くかかわっている大脳辺縁系という部位のほかに、免疫や自律神経の働きをコントロールするなど、生命維持にかかわる大切な役割をしている脳幹があります。

この中で、**ストレスによって一番ダメージを受けるのは脳幹**です。すると、体内調整を機能する自律神経・免疫・ホルモン・筋バランスの仕組みが乱れ、「疲労」という状態になります。実はこの疲労がこころと体の余裕を奪い、家庭や職場の人間関係や生産性に大きな影響を与えているのです。

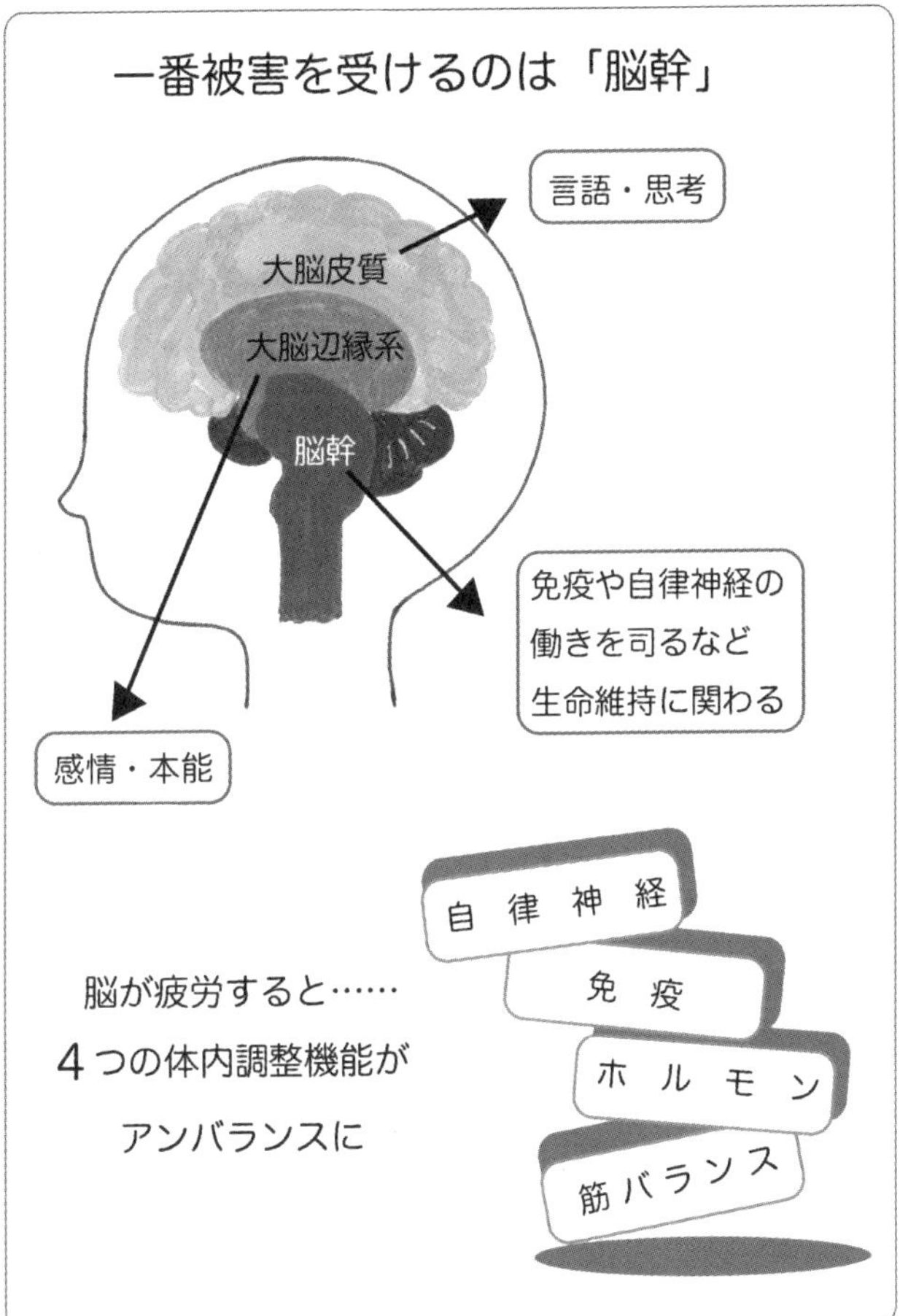
一番被害を受けるのは「脳幹」
言語・思考
大脳皮質
大脳辺縁系
脳幹
免疫や自律神経の
働きを司るなど
生命維持に関わる
感情・本能
自律神経
免疫
ホルモン
筋バランス
脳が疲労すると……
4つの体内調整機能が
アンバランスに

脳幹の特徴は、言葉が通じないということです。

ヘビなど爬虫類にもある「生きるための脳」ですから、言葉でアプローチしても、脳幹には全く通じないのです。

ですから、**脳幹を元気にするには、言葉以外でアプローチする技術が必要**です。

脳幹が疲労すると、イライラしたり、怒りっぽくなったり、こころや感情、そして行動に変化が表れます。

よく、願いを叶えるために、声に出して宣言するなどと言いますが、脳幹にとってはそうすることは役に立たないのです。

それにもかかわらず、頑張りすぎたり、我慢しすぎたりすることで、脳幹は弱ってしまいます。脳幹が疲労すると次の図のような症状が表れてきます。

また、心身に変化だけでなく、運も悪くなったりします。がんばるだけでは人生は思うようにはならないのです。

あなたの脳幹の疲労度はどれくらいですか？

先のチェックシートで何個当てはまるか、調べてみましょう。

チェックが多くついた人はそれだけ頑張っている証拠です。

脳が疲労すると起こる変化

こころや行動の変化

- □ イライラする・怒りっぽい
- □ 好奇心や探究心が少ない（ワクワク度）
- □ 根気や集中力がない
- □ 人間関係に悩みがある
- □ 同じ失敗を繰り返す
- □ 計画がうまく運ばない
- □ 何をしても続かない
- □ 許すことができない
- □ 不安、心配が多い
- □ 人からどう思われているかが気になる
- □過ぎたことを後悔する
- □ ささいなことでもこだわりが強い
- □ 抑うつ感がある
- □ 自己否定が強い
- □ 他人を批判する
- □ 満足することができない
- □ 状況が絶望的だと考える
- □ ひとりで決められない
- □ やろうと思っても行動につながらない
- □ すぐにあきらめる

あなたはいくつ当てはまりますか？

身体の変化

- □ 朝起きるとき体がだるい
- □ 疲れやすい
- □ 体調がすぐれない
- □ 病気が多い
- □ 疲れているのに眠れない
- □ 夜中に目が覚めることがある
- □ 呼吸が浅い・早い
- □ 頭痛がよくする
- □ 感情の起伏が大きい
- □ 肩こり・背中の痛み
- □ 腰痛
- □ 過食・拒食

言葉が通じない脳幹を元気にするための技術

表情筋を使って脳を元気にする

余裕を持って過ごすために、脳幹を元気にする技術や習慣を毎日の生活の中に取り入れましょう。

鏡を見て、口角を上げて笑ってみてください。

「こんなに辛い思いをしているのに、笑えない……」と、思っていても、感情を抜きにして、口角を上げるだけでいいのです。

脳幹には顔の筋肉もコントロールしていますので、こんな簡単な技術で、イライラを抑えたり、脳を元気にすることができます。

毎日のストレスの中で脳幹を元気にする技術を、生活習慣の中に取り入れれば、機嫌よく生きられます。

脳が元気になれば、余裕が持てますし、人生がしあわせの方向に動き始めます。

まずはＬＥＳＳＯＮに取り組んでみましょう。天気がいいだけでうれしくなるように、お母さんが笑ってるだけで子どもたちはしあわせです。うれしそうなふりでいいんです。つくり笑顔でも効果絶大です。だから笑ってみてください。

時代とともに生活スタイルが変わり、リモートでパソコンの前にずっと座っていたり、子育てに追われていたり、一人で何役もこなさなければならない状況に陥り、ついつい、目じりが吊り上がり、口はへの字に結んだまま……。このままだと脳幹がどんどん疲れてします。そんなときは意識して笑顔をつくりましょう。

口角を上げて目尻を下げ、表情筋を動かしてみます。

なぜなら、脳と筋肉は深いつながりがあるからです。

そのつながりを利用して、脳幹に働きかけてみましょう。笑顔のフリだけで構いません。感情は込めなくて構いません。筋肉を動かすことが重要です。

LESSON 1

表情筋を使って脳に働きかける

表情筋を意識して笑顔を作ってみましょう。

① まず、口角をそっと上げます。
② 次に、目尻を下げてください。

口角を上げると脳は表情筋を通じて「笑っている」と勘違いします。
すると、ストレス波が下がり、穏やかな気持ちになります。

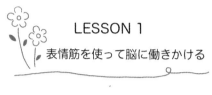

しあわせ脳幹ブレス法

脳幹を元気にする簡単な技術があります。

自分では気が付かなくても我慢したり、がんばったりしているときは、息を吸うことが多くて体には力が入りっぱなしになっています。

新しい環境や責任ある仕事に取り組んでいるときは、無意識のうちに常に緊張しているのです。そんなときは、まず、筋肉の緊張をなくすことです。息を吐くと体の力が抜けてこころも穏やかになって楽になります。

信号の待ち時間や、ホームで電車を待っている間でも構いません。

緊張した筋肉からすっと力が抜けていくのがわかります。筋肉が緩めば痛みも我慢が消え楽な気持ちになります。

LESSON 2

しあわせ脳幹ブレス法

①背筋を伸ばして座る。立っても仰向けに寝てもよい。

②次に４秒間息を吸って４秒間息を吐きだして、４秒間息を止める。
そのとき、１，２，３，４と必ず数を数えながら行う。

①、②を１セットとして10セットくりかえす

しあわせ脳幹セルフストレッチ

脳幹の疲れは、表情筋を使って脳に働きかけたり、しあわせ脳幹ブレス法で呼吸によって筋肉の緊張を緩めたりすることによって楽になることがわかりましたね。

しあわせ脳幹ストレッチは、薬や機会を一切使わず、いつでもどこでも一人でできて、こころと体に働きかける技術です。筋肉から脳に働きかけ、筋肉の状態がよくなるように脳の状態を変えていきます。

しあわせ脳幹セルフストレッチを行うことによって、ヨガや瞑想の達人が何年もかかって修行して得た脳の状態に導きます。脳から心身に働きかけると体の緊張が解け、こころの扉が開きます。心身ともに活性化すると、しあわせな気持ちが得られます。脳から心身に働きかけると体の緊張が解け、こころの扉が開きます。心身ともに活性化すると、しあわせな気持ちが得られます。このストレッチは、二人で行うこともできます。

LESSON 3

しあわせ脳幹セルフストレッチ

椅子に浅く腰掛け、背筋を伸ばします。

① 自分の太ももの上、足の付け根に近いところに図のように手を置き、肩の力を抜いてゆっくり息を吐きながら４秒間で圧をかけていきます。
腕で押すのではなく、太ももの筋肉に沈むような感覚を感じてください。

② そのまま４秒息を止めて圧も固定します。

③ 息を吸いながら４秒かけて真上に圧を解放します。
（手のひらは離さないでそのまま）

※①~③を１セットとして
10回ほど繰り返します。

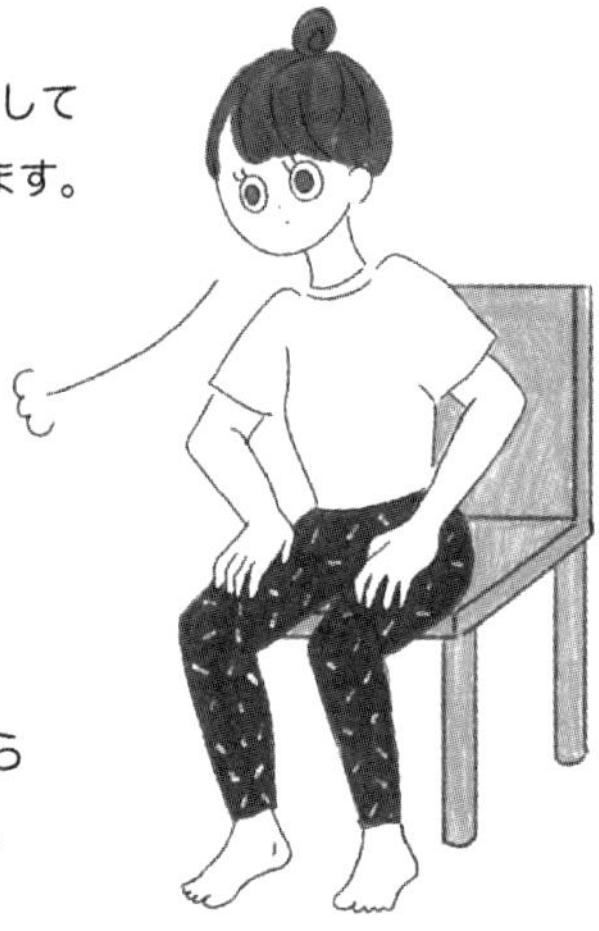

１・２・３・４と
頭の中で数えながら
行うのがコツです。

LESSON 4

しあわせ脳幹ペアストレッチ

① 前に座る人（A）は上体の力を抜いて、椅子に深く腰掛けます。

② 後ろに立つ人（B）はできるだけAに近づいて立ち、Bの両肩の上に両手を羽のようにそっとおくようにします。

③ Aは肩に置いた掌にBの体温を感じるまで、自分の肩の力を抜いて少し待ちます。

④ Bは静かに息を吐きながら、4秒かけて両手で真下にやさしく脱力していくように圧をかけます。

⑤ 息を止めて4秒固定します。

⑥ 息を吸いながら4秒かけて圧を真上に解放します。
（手は放さないで　おいたまま）

＊④〜⑥を1セットとして10回ほど繰り返します。

1・2・3・4……
と頭の中で数えながら行うのがコツです。

日常生活の中で脳幹を元気にしよう

脳幹の疲労の様子は、身の回りの状態に表れます。食卓テーブルの上が物でいっぱいになっていて、家族みんながいっしょにご飯を食べることができなくても気にならない人も時々いるようですが、これはよほど家族中の脳幹が疲労していると思われます。

脳幹を日常生活の中で元気にする代表的なものが整理整頓です。掃除をしたり身の回りを整えることで、気持ちがスッキリしたり、なんとも言えない達成感を味わったという経験が皆さんにもあるのではないでしょうか。

大事な商談のまえに必ず自分の部屋の整理整頓と、トイレなどの水回りや、玄関のそうじをするのが習慣になっているという会社の経営者も多いようです。

運と関係が深い脳幹を元気にして、人生を豊かにしていきましょう。

日常的にできる脳幹を元気にする方法

① 玄関や靴箱の掃除の掃除をする

整えられた玄関は良い気を招き入れるといわれます。
逆に散らかっていて脱ぎっぱなしの靴が放置されている玄関には悪い気を
溜めてしまうことになりますね。
下駄箱が、はかない靴でいっぱいになるのも避けましょう。

② キッチン、トイレ、バスルームをきれいにする

水回りは家族の健康・運気にも大きな影響を
およぼすと いわれています。
シンクには洗い物を溜めないようにして、
トイレやお風呂の掃除もこまめ
に行いましょう。

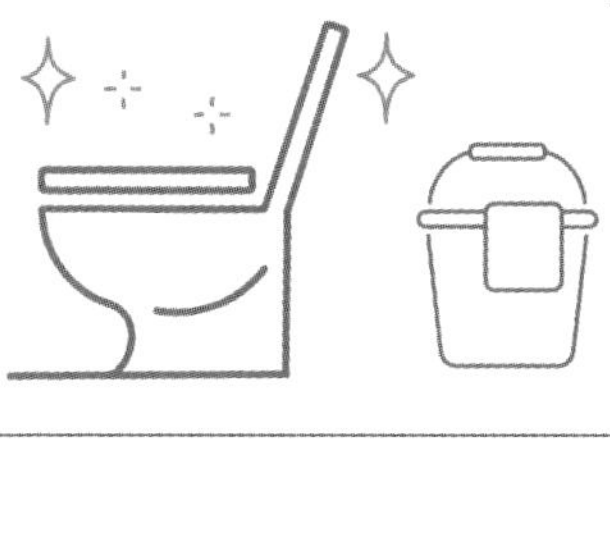

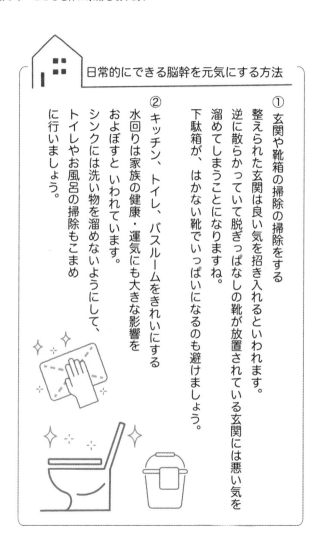

日常的にできる脳幹を元気にする方法

③湿気の多いところには炭や除湿剤を置く

湿気をそのままにしてくと、カビが生えたり空気がよどんだりしてしまいます。湿気が多い押し入れや家の隅には、除湿剤や炭を置いて空気に注意しましょう。

④悪臭に気をつける

匂いというのは感情の脳と言われる大脳辺縁系と関係があり、悪臭は脳を弱らせてしまいます。台所のごみ箱や下駄箱には特に気を付けましょう。

⑤写真やスマートフォンの画像を整理する

気づけば何千枚も写真や画像が溜まっていることがあります。大切な写真だけを残して削除すると、過去の整理にもなります。

第二章　言葉がしあわせな人生をつくる

声を出す言葉は脳の検索ボタン

知りたいことや手に入れたいものがあったとき、インターネットの検索にその言葉を入れると、たくさんの情報が手に入ります。

もし、脳にも検索ボタンがあったらどんな言葉を入れますか？

すばらしい人生を手に入れたいと思って、何が「しあわせ」なのかを検索すると、どんなものがでてくるでしょう？

脳の中の「しあわせ」を検索する方法はとても簡単です。

「しあわせだなぁ」と声に出して言ってみてください。

「これまでの人生、ちっともしあわせじゃなかったから、私の脳の中を検索しても何も出てこないんじゃないかしら」

そう思った人もいるかもしれませんが、実は、脳は意味がわからないことに耐えられないそうです。

もし、あなたが今まで一度もしあわせだと感じたことがなかったとしても、脳はあなたの中のしあわせを探し始めます。

ですから、今、不幸だと思っていても、気持ちを込めて言えなくても、全く問題ありません。棒読みでかまわないので、声に出して言ってみましょう。

私は、講演会などで、このお話をして、皆さんに感情は関係なく「しあわせだなぁ」という言葉を繰り返しご唱和してくださいと伝えています。すると、

「しあわせだなぁ、しあわせだなぁ、しあわせだなぁ」

と言い終わった後に、皆さんは、ふふふっと、照れくさそうににっこりされるのです。それまで固まっていた会場の空気がほぐれて、ふわっと、やさしくなるように感じます。

「なんでこんなこと言わなきゃいけないの？」

と、不服そうにしていた人も、言い終わるとちょっぴり笑顔になっていました。

「しあわせだなぁ」と声に出すと、脳の検索ボタンが、ぐるぐると回りだし、あなたの中の「しあわせ」を探し始めます。

すると、今まで当たり前だと思っていたことに、「ありがたいなぁ」と感じたり、「うれしいなぁ」と思ったりし始めます。

ポイントは、全くそう思えなくても、プリプリと怒りながらでも、「しあわせだなぁ」と口に出すことです。泣きながらでも構わないのです。

とにかく「しあわせだな」「ありがたいな」、「恵まれているな」、「よかった」など、自分にとってプラスになる言葉を声にだして言ってみてください。

すると脳は何か「しあわせなこと」「ありがたいこと」「恵まれていること」、そして「よかった」を勝手に探し始めます。

日常生活の中で、蛇口をひねれば水が出てくるのも、車で遠方まで出かけられるのも当たり前だと思っている人が多いのではないでしょうか。

震災などのときに、何日も断水して大変な思いをしたり、車が故障して動かなくなったりして、改めてそのことが当たり前ではないことを知ることになります。

実は、何でもない日常の中に、ありがたいことはたくさんあるのですが、私たちはそのことに、気づかずに当たり前のように過ごしています。

「しあわせ」「よかった」と、声に出して言うことで、ふだん当たり前にしていたけれど「しあわせ」「よかった」を脳は検索して、考え方や人間関係にも変化が見られるようになっていきます。

そしてそれが日常生活の習慣となると、うまくいかないことや、困ったことが起こったときでもその中に「よかった」を見つけることができるようになるのです。

「よかった探し」が苦手な人は、傍からはとてもしあわせな恵まれた状況にいるように見えても、そのすべてが当たり前のようにしか思えず、次から次へと不平不満を探すのが得意になっていくようです。

声に出す言葉であなたの脳が変わります。脳が元気になる言葉をたくさん口にすることで誰でもしあわせになれるのです。

あなたもぜひ、ご一緒に声に出して言ってみてくださいね。

「しあわせだなぁ」

否定的な言葉がつくる現実

あなたの周りに、自分のことを不幸だと言っている人はいますか？その人のことをよく観察して見てください。**いつも否定的な言葉を口にして、人の成功を妬んだり、悪口を言ったりして人の周りの空気はどんよりと重たくなっている**ことに気づくでしょう。

自分で声に出した言葉は、自分や周りの人の脳を傷つけ、弱らせていきます。言葉が通じない脳幹は、主語を認識できません。

「あいつはダメだ」、「どうしようもない奴だ」、「お前はクズだ」と声に出しても誰がダメなのか、わからないのです。「あいつ」という主語をつけても、自分のことだと脳は勘違いしてしまいます。

愚痴や悪口・否定的な言葉が口癖のようになっている人の脳は、無意識に自分のことをいつも否定していることになります。そして脳はダメージを受けて、自分や周りの人のこころや体を弱らせてしまうのです。

脳の中でも「脳幹」は、自律神経の働きを司るなど生命維持にかかわる働きをしていますので、愚痴や悪口を言い続けると、免疫力も低下して病気になりやすくなってしまいます。

私のＮＰＯきゃんどるハートが主催している「家庭の楽学　しあわせ家族ストレスケア講座」を受講して、実際に口にする言葉がどのくらい物事に影響するのか、本当にそうなのか確かめたいと思った幼稚園生の母親が取り組んだワークの結果をご紹介しましょう。

３日たってＡに変化はありませんでしたが、Ｂには青いちいさな斑点が見られました。

そのまま１週間実験を続けます。

このようにして１週間、よい言葉と悪い言葉をそれぞれにかけ続けると、はっきりと変化が表れました。

同じ環境に置いて、同じように保存したにもかかわらず、Ｂのパンは傷んでパンの形が歪み、青や黄色や黒のカビが生えてしまいました。

ワーク1

【用意するもの】 食パンを２枚・保存袋　２枚

① 一枚ずつ保存袋に食パンを入れ、同じものを２つ用意します。

② Ａには「良い言葉」、Ｂには「悪い言葉」を一週間朝晩声をかけて、同じ環境の中で、変化を見ます。

A
「ありがとう」
「大好きだよ」
「素晴らしいパンだね」

B
「できそこないね」
「大っ嫌い」
「ほんとにダメなパン」

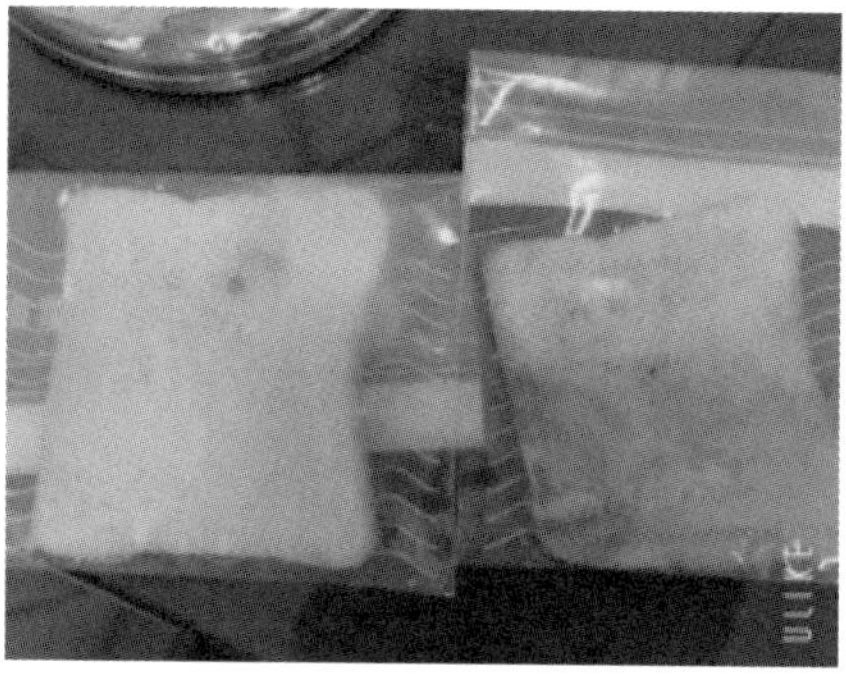

それに対してAのパンは表面に表面にうっすらカビが生えただけで、形にもほとんど変化が見られませんでした。

半信半疑でワークに取り組んだ受講生は次のように発表してくださいました。

「本当に驚きました。普段、何気なく使っている言葉でこんなことが起こるなんてとにかくびっくりしました。そして、ハッとしたんです。子どもへの声掛けで、私はどんな言葉を使っていたか、改めて考えさせられました」

と、自分が日常的に使っている言葉を振り返ったと神妙な顔で話してくれました。

「なにやってんの！　ぐずぐずしないで」

「ダメよ！　いい加減にしなさい」

「いったい、いつになったらできるようになるの？」

もし、こんな言葉を毎日言い続けたら、子どもはどうなってしまうのだろうと、急に心配になったようです。

言葉の影響がこれほど大きいことに気づいてからは、日常的に子どもにかける言葉について とても気をつけるようになったそうです。

また別の受講生の方は、

「春休みに子どもを実家に連れて帰っていた間、夫にカイワレ大根の実験を1週間代わりにしてもらったところ、悪い言葉をかけたカイワレ大根は腐っていて、白いカビまではえていたのでびっくりしました。いったいどんな言葉をかけていたのかと聞いてみると、夫が「上司に対する怒りや不満を毎日言っていた」と言うのを聞いて、ぞっとしたそうです。

このワークに参加した受講者の方々は、言葉にこれほどのパワーがあるとは知らなかった……と、日常的に自分や子どもに使う言葉に注意するようになりました。

パンとカイワレ大根のワークは誰でもすぐに体験できます。ぜひ、やってみてください。

ワーク２

【用意するもの】プラスチックカップ・カット綿
カイワレ大根の種

①プラスチックカップの底に水で濡らしたカット綿を敷いて、カイワレ大根の種をまきます。

②Aには「良い言葉」、Bには「悪い言葉」を一週間朝晩声をかけて、同じ環境の中で、変化を見ます。

A
「大好き」
「おりこうね」
「かわいいな」

B
「あっちいってよ」
「大っ嫌い」
「きたないなぁ」

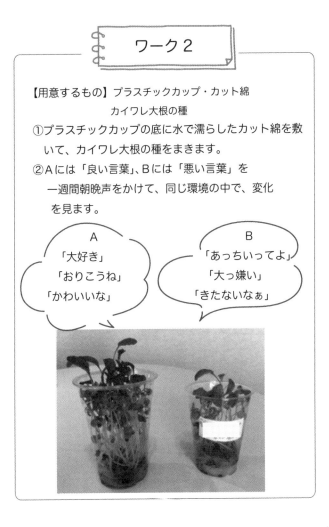

「さ・し・す・せ・そ」で変わる人間関係

人間関係をつくるうえで言葉はとても重要な役割をします。

職場の退職理由の中の1つに、「人間関係」がうまくいかないということが挙げられます。

けれども、**人間関係も自分の発する言葉や声掛けでよくなることが知られています。**

コミュニケーションを円滑にする「さしすせそ」をご存じですか?

さ　最高ですね・さすがです
し　しあわせ・信じているもの
す　すごい・素晴らしい・素敵
せ　世界一・センスがいいですね
そ　尊敬してしまいます・そうなんですね

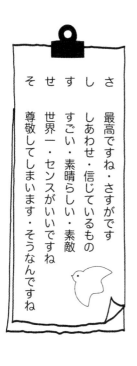

これは職場でも家庭でも使える人間関係をよくする技術だと、様々な場面で使われています。いつもの会話を、より豊かに弾ませるポイントになります。

相手の言葉に相槌を打つときに、このような「さしすせそ」の言葉を加えていくと、２人の間にいい空気が流れ始めます。

脳は主語認識ができないので、相手に言った言葉を自分のことのように感じ、会話がますます弾み自分の気分もよくなります。

会話の中に上手に入れてみると、今まで苦手だったコミュニケーションがうまくいくこともあります。

Ａさんは先輩から「今日の商談がスムーズにまとまってよかった」という言葉を聞くたびに、「また自慢が始まった、どうせあなたには無理だろうけどね」と言われているようにいつも感じて、先輩の仕事の成果を喜ぶどころか、妬ましく思っていました。

でも先日友人から勧められて受講した「家庭の楽学《らくがく》しあわせ家族ストレスケア講座」で学んだ「さしすせそ」の会話を試してみようと思いました。

「今日の商談もスムーズにまとまってよかった」

という先輩の言葉に、今までだったら妬ましくて、背を向けていましたが、

「いつも、短期間で結果を出されてさすがですね」

と、「さしすせそ」の言葉を添えて先輩と向き合ってみました。

「どうしたらそのようにうまくいくのですか？」

すると、先輩は、

「まず、先方に訪問した際に、決裁者が誰かを確認するのよ」

と、いつもAさんが疑問に思っていたことを教えてくれました、

「そして、決裁者に焦点を当てたプレゼンテーションを心掛けているの」

先輩は次々と仕事を成功させるためのヒントをくれました。成果を出せなかった自分に足りなかったものがわかってきました。すると、自然に言葉が続きます。

「すごいですね。勉強になります。もっと教えていただけますか」

「これが資料よ」

「わぁ、センスよくまとめてありますね。この資料ならうまくいきそうですね」

「資料はこの本を参考につくったのよ。あなたも使うといいわよ」

「そうなんですね！　ありがとうございます。私もやってみます」

「わからないことがあればいつでも聞いてね」

「先輩のような方がいて、私はしあわせです」

仕事の成果を自慢ばかりしていると思っていた先輩が、自分から「さしすせそ」の言葉を使って話すだけで先輩と自分の間の空気感が変わり、自分の脳が活性化して自己肯定感が上がったためか、仕事に前向きになっていることに驚きました。仕事でも成果が上がり始めて、先輩に報告すると、とても喜んでくれたそうです。

これは家族との会話にもとてもいい効果を出します。

受講生のＢさんは、こんな体験をしました。

職場で嫌なことがあったのか、夫がとても不機嫌な顔で帰ってきました。

いつもならそんな夫に影響されて自分も不機嫌になる自分が嫌だったＢさんですが、講座の中で教わった「さしすせそ」を思い出して、

「しあわせだなぁ」と、不機嫌な夫の前でつぶやいてみました。夫は驚いたように顔を上げて、

「なにが？」と、きょとんとしていました。Ｂさんは、

「いや私はしあわせだな……ってね」とだけ答えました。講座で教わったように、思わなくてもつぶやいてみたのです。

すると、夫は「ふーん……」と言いながらも少しうれしそうにお風呂に行きました。

それからも夫と二人の時に「しあわせだな……」と言い続けました。そうすると、まず自分の気持ちが変わっていくことに気がつきました。

仕事が忙しく、疲れて帰宅する夫に笑顔で「お帰り」と出迎えたり、夫のおかげで安定した生活があるのだと感じたり、最初は何の感情も込めず言っていた言葉でしたが、いつの間にかBさんの気持ちが変化していったのです。

すると夫も不機嫌な様子が減ってきて「次の休みの日にどこかへ出かけようか」などと、言い始めたそうです。

「さしすせそ」を全部使わなくても、たった一つの「しあわせだなぁ」という言葉を使うだけで、こんなに変化があるのかとBさんは驚きました。

他にも「奥様の手料理を食べたときに、「おいしいね」と、言ってみましょう」と、男性受講者の方に向けて私はよくお話します。

美味しいと感じなくても、とにかく言うのがコツです。すると脳は「美味しいんだ！」と美味しさを探してそんな食事ができることに感謝の気持ちも自然と沸いてきます。

ほめられて嬉しくなった奥様が料理をするのが楽しくなったのか、そのうちおかずが一品増えたという報告もありました。

言葉が人生をつくっていく

自分が口にしたり、よく言われたりする言葉はとても大切です。その人の人生をつくっていくといっても過言ではないほど重要だといわれています。

1章で言葉の通じない脳幹のお話をして、言葉以外のアプローチをするＬＥＳＳＯＮを紹介しましたが、脳の中の言語を司る脳、「大脳新皮質」に言葉で働きかけていくことも同じくらい大事なことなのです。

子どもの頃から親に否定される言葉を何度も繰り返し言われていると、子どもの無意識にその言葉が自己評価として刷り込まれます。

「バカじゃないの、頭悪いんだから」

「なんでさっさとできないの！　ほんとにグズなんだから」

「何をさせてもダメな子ね」

「役に立たない子ね」

「器量が悪いわね」

これを繰り返し言われていると、子どもは自分のことを、グズで、ダメで頭が悪く、役に立たなくて器量が悪いと、思い込んでしまいます。

そして、**それは無意識に刻み込まれて、子どものときだけでなく、大人になってもずっと影響を与え続けます。**

すると、何をやっても、何に対してもこの言葉や価値観がベースとなります。

「自分はダメな人間なんだ」

「どうせ私なんか……」

など、自己否定をするようになり、何に対しても自信を持てなくなります。

そして、成功している人に対して、恨んだり、妬んだりしてしまいがちです。

最初は「できない私」や「失敗する私」を自分自身で責めてしまうのですが、そのうち、人のせいにしたり、過去のせいにするようになります。

例えば、

「自分がさっさとできないのは、親のしつけが悪かったからだ」

「テストの点数がよくないのは、先生の教え方がよくなかっだ」

「こんな親の元に生まれたせいで自分はしあわせになれないんだ」

などと人のせいにするようになったりもします。


人のせいにしても、無意識には自分のことを責めている状態となり、そのことが原因で脳は疲労して、身体に不調をもたらしたり、うつ状態になったり、病気になってしまうことも珍しくありません。

常に否定的な言葉を使うと、自分のことも、周囲の人のことも、認めることも苦手になってしまいます。

すると、いい人間関係をつくることができずに、毎日を苦しい思いで過ごすようになるのです。

大人になったら自分の声で価値観を入れ替えよう

「しあわせになりたいと毎日思って、イメージしているのにちっともしあわせになれません。どうしたらいいでしょうか」

こんな相談にいらっしゃる人も少なくありません。

思考は現実になるという話はご存じでも、その方法が間違っていては、人生を変えることは難しいのではないでしょうか。

今、しあわせな人は「しあわせになりたい」とは言わないし、思いもしません。すでにしあわせなのですから「しあわせだなぁ」、「しあわせになれてありがたいなぁ」と思っています。

しあわせになれないと思っている人は、否定的な言葉を繰り返し使っていることが多いようです。

「私なんて……」

「どうせ私なんか……」

口癖のように言う人に、なぜ、そう思うのかと聞いてみると、その原因は子どものころに誰かに刷り込まれた「誰かの否定的な言葉を」無意識に信じていたことが原因だということに気づかれるのです。

でも大丈夫です。

過去に他者から刷り込まれた否定的な価値観や評価を、自分の声で入れ替えることができます。

今まで「自分はダメなんだ」と思い込んでいたのは、本当にダメなのではなく、他者の言葉が刷り込まれて思い込んでいただけなのです。

ですから、なりたい自分を、自分の声に出す言葉で新しく脳に刷り込み直すということに取り組みましょう。

「私は、毎日しあわせになりつつある」

「私は、日々素敵な母親になりつつある」

「私の能力は日々成長しつつある」

「○○になりつつある……」という言葉は、無意識に自分の未来は素晴らしいという希望を刷り込んでくれる魔法の言葉なのです。

ただ声に出す自分自身の言葉で、人生に素晴らしい変化が起きだすのです。

第三章　過去を癒して「今」を生きる

マルトリートメントによる脳と人生への影響

マルトリートメント

２０１８年10月に、福井大学子どものこころの発達研究センター教授・友田明美先生をお招きして「子どもの脳を傷つける親たち　マルトリートメントによる脳への影響と回復へのアプローチ」特別講演会を、ＮＰＯ法人きゃんどるハートが主催しました。日曜日の朝10時からの講演会でしたが、佐賀県内外から約５００名の教育関係者や母親たちが集まって、みなさん熱心に先生のお話に耳を傾けました。

マルトリートメントとは「子どものこころと身体の健全な成長・発達を阻む養育」のことを指します（〔mal〕悪い＋〔treatment〕扱い）。

子どもを怒鳴ったり、叩いたり、感情に任せて親の気分で子どもへの態度を変えたりすることは、マルトリートメントにあたります。児童虐待とほぼ同義語ですが、虐待という単語は、あまりにもイメージが強烈なので「自分には関係がないこと」だと当事者意識を遠のかせてしまうために、「子どもを傷つける不適切なかかわり」について、マルトリートメントという言葉で警鐘を鳴らしていらっしゃるのです。

友田先生は、マルトリートメントが頻度や強度を増したとき、子どもの脳は部位によって萎縮したり、肥大したりするなど、「自ら変形する」ということをアメリカ・ハーバード大学での研究で明らかにされました。

講演会の中でパワーポイントを使って紹介されたものの中でも驚きだったのは、次の３つでした。

①親から頻繁に激しく怒鳴られたり、威嚇されたり、なじられるなどの暴言によるマルトリートメントを受けると、言語に関わる領域で他人とのコミュニケーションを円滑に行う働きを担う「聴覚野」が肥大する。するとおびえたり泣き叫んだりするなどの情緒障害、うつや引きこもり、学校に適応できないなどの問題を起こしやすいというケースがある。

身体的な暴力よりも怒声や暴言のほうが、より子供の脳に深刻な影響を与える。

②子ども時代に過度の体罰を長期間経験すると、大脳の「前頭前野」という感情や思考・行動に関わる領域が委縮することで、本能的な欲求や衝動が抑制されにくくなり、非行や薬物に走りやすくなる傾向がある。

アメリカの複数の大学による過去50年間における16万人の子どもたちについての共同研究によるメタ分析によると、「お尻をたたく」という軽い体罰でも、「攻撃的になりやすい」「こころの健康が脅かされる」

「親子の愛着形成が損なわれる」「自己肯定感が育ちにくい」などの有害な結果を招く恐れがあるということです。

③直接暴力をふるわれなくても、親同士の争いを目撃し、DV家庭で育った子どもの脳は記憶力と関係のある「視覚野」が委縮して、語い理解力が低くなってしまう。

また複数のマルトリートメントを一度に受けると、脳へのダメージが複雑で深刻になり、両親間のDVを目撃して自分も暴言を受けるというマルトリートメントを受けた子どもの傷はより深刻だということがわかっています。

立場の強い大人が、抵抗することができない子どもに対して怒鳴りつけたり、体罰を与えたりする行為だけでなく、子どもの前で暴力や争いの場面を見せることは、想像するよりもはるかに強い衝撃を与え、子どもの心身だけでなく、子どもの脳も傷つけているのです。

そして子ども時代に受けたマルトリートメントが原因で成人後にも様々な影響がでます。

対人関係に苦しむ社会的障害、意欲消失やうつ症状が見られる情緒的障害、認知機能がなかなか上がらない認知的障害のほかにも、こころの疾患に悩まされることから薬物などへの依存が高くなるともいわれています。

そして友田先生の講演会の後のアンケートには

「自分の生きづらさの原因が、親からのマルトリートメントによるものだとわかった」

「自分の子どもに対しての、マルトリートメントをなんとかしたいが、どうしたらいいのだろうか？」

という感想も多く見られました。

マルトリートメントによって育った場合、自分が親になると、同じような家庭をつくってしまう場合が多くみられます。

家庭内での暴力や子どもへの虐待についても、本人には悪いという自覚がないケースがとても多い現状もあるようです。

昨今では働き方も変わり、リモートの日が続くと、家族と過ごす時間が長くなり、家の中に閉じ込められたストレスが、暴言や暴力として子どもたちを苦しめているということがニュースになっていました。

親は感情をむき出しにして、子どもへの否定の言葉を投げつけたり、暴力をふるう、子どもを無視して放置するなどの家庭環境が増えているとのことでしたが、どんなに子どもは小さな胸を痛めているのでしょう。

「えっ！　うるさいからどなっただけだよ」

「言うこと聞かないから、この子のために叩いただけだよ」

「こんなこともできなければ大きくなったら困るでしょ。しつけの一環として厳しくしただけですよ」

家庭の中でのマルトリートメントを指摘されると、決まってこんな言葉が返ってきます。

しかし、本当に子どものためを思っているのでしょうか？

「もしかしたら、自分のストレスを子どもにぶつけているだけなのかもしれない」という視点が親には必要のようです。

この世に生まれてきて、最初にかかわる人間関係が家族です。ですから、家族の関係性が、その後の人生の基本となります。赤ちゃんのころ、最も大切なことは、安心・安全に暮らせることです。

親といるときが一番安心なはずの子どもが、マルトリートメントの中で育つと、いきなり叩かれたり、無視されたり、争いを見せられたり、暴言を浴びせられたりと、生まれてからずっと緊張した状態の、安心とは正反対の状態で過ごすことにより否定的な影響を受け続けることになります。

そして**マルトリートメントの親は、無自覚でその行為に及んでいることが多く、自分が子どもに悪影響を与えているという自覚がない**ということこそ問題なのです。

「子どものために、口で言ってわからないことは叩いてわからせるべきです」

「大人になって恥をかかないようにと厳しくしつけるのが親の愛です」

などの理由をつけては体罰を与えられたニュースをよく目にします

これには、身体的虐待だけでなく、子どもの悔しい・屈辱的・理不尽に完全な服従を認めさせられたという精神的虐待も伴います。

そして子どもは、大人になってあれほど嫌だと思っていたにも関わらず、親と同じことを繰り返してしまい親から子へ、子から孫へと連鎖させてしまうのです。

子どもは無条件で愛される存在

やさしい家族、親しい人との愛情を確認して、小さなことでほめられて、みんな同じことを感じているんだと実感できると、こころは穏やかで落ち着いていられます。

楽しいな、しあわせだなと感じるときは、安心・安全な場所にいるときです。

この世に生まれてきて、最初に出逢う人が家族で、その居場所が家庭です。

子どもは無条件で愛される存在なのです。

「あなたがいてくれるから、私はしあわせよ」

「世界一愛している」

「生まれてきてくれてありがとう」

と、親から言われて育った子どもは、大人になってからも人間関係は良好で、安定した気持ちでしあわせを感じることができます。

それとは逆に、

「あなたなんか生まなきゃよかった」

「うるさい！」

「あなたのせいで私の人生はめちゃくちゃになった」

などと、自分の存在を否定され育つと、家庭内での安心や安全を感じることができません。

そして社会にでても、人間関係を上手につくることが苦手になるのです。

家庭内暴力は一生子どもを苦しめる

夫による家庭内暴力でよくあるケースですが、妻は子どもをかばって自分が犠牲になっているから子どもは傷ついていないと思っている母親がいます。

しかし、夫婦間のＤＶを見たり聞いたりすることのほうが、子どもの脳は体罰を自分が受ける以上に傷つくのだと友田先生は話されます。

「どうしてそんな環境から脱出しないの？　あなたは本当にしあわせになりたいの？」

周囲の人はそう思うようですが、渦中の人は、緊張状態が続くことで、正しい判断ができなくなっているのかもしれません。

ですから、汚い言葉で常に罵倒され、「自分は価値のない存在だ」、「自分のせいで相手を怒らせてしまう原因をつくっているのだ」と思い込んでしまうと、そこから逃げ出すことができなくなってしまうのです。

また、せっかくその環境から救出されても、「あの人は私を必要としている」とか「私の居場所をつくってくれた人だから」などと、子どもを連れて夫のいる場所へ戻ってしまうケースも多く見られます。「自分は自立して生活することができない」と、知らず知らずのうちに、夫に依存させられてしまっているのかもしれません。

一時的に保護されても、夫が迎えに来たことで、家に戻るケースも多々あります。**これはＤＶを繰り返し受けることによって、脳の疲労により、正しい判断ができなくなっている証拠です。**夫がＤＶ依存症の治療を受けるなどしない限り、また同じことを繰り返してしまいます。

「子どものために……」と、我慢しているなら、それこそ、すぐに行動するべきです。頼りになる人や、行政の窓口に相談することから始めるのがいいかもしれません。

どうかＤＶの環境の中で育つ子どもの将来を真剣に考えてください。

スマートフォンやタブレットによる子育て

最近、親がスマートフォンやタブレットを小さな子どもにあてがっている光景をよく目にします。

公共の場で走り回ったり、ダダをこねて騒いだりするよりも子どもはおとなしくなるので親は楽なのです。

また、赤ちゃんがぐずってもゲームを続けたり、子どものことを気に掛けることなく、SNSや動画を見ている親がとても増えています。

スマートフォンやタブレットが悪いわけではありません。ただ**親子の大切なコミュニケーションの時間が奪われてしまうことが問題**なのです。

目配りや、言葉かけ、手をつなぐなどの、子どもとのコミュニケーション、特にスキンシップは、子どものこころや発達に大きく影響を与えることが科学的にわかっているほど大切なものです。

育児はとても大変ですが、あとで振り返るとあっという間に過ぎてしまったように感じます。

取り返しがつかないことにならないよう、子どもとの時間を大切に過ごして欲しいと思います。

ストレス連鎖

否定をすると繰り返す

「あんな上司がいる職場なんてやめてやる」

「もう二度とあんな人とは交際しない」

「母親や父親のような結婚生活を、私は絶対にしない」


これらの言葉には、強い否定の気持ちが隠れています。

皆さんは否定をすると繰り返すという法則をご存じですか？

長い間に渡って否定的な言葉を繰り返し思ったり、言うことで、無意識の領域に緊張が刻み込まれ、自分の意志に逆らうようになぜか同じことを体験してしまうことを指します。

私はこの現象を**ストレス連鎖**と呼んでいます。虐待などでよく語られる世代間連鎖やチェーン現象と同じ意味です。

生きづらさの潜在的な原因は、家族の中から始まることがほとんどのようです。

「いつもイライラしてヒステリックで、うまくいかないことは全部私のせいにしていた母を見て、あんな大人にだけはなりたくない……」

「酒乱の父のような人とは結婚したくない。私はしあわせになりたい」

子どものころからずっとそう思って生きてきたのに、気づけば母親そっくりになっていて、父親のような人と結婚しているというケースもよくあります。

「一生懸命生きているのに、どうして生きづらいと感じるのだろう……」

悩んでいる人がとても多いことに驚きます。

こんな気持ちを強く抱えたままで過ごして、何とか新しい人生を送りたいと思っているのに、否定をすればするほど、なぜか否定したことを繰り返してしまう……。

「自分の人生はいつまでたっても生き辛いままで、今度こそはと頑張っても、なぜかうまくいかないのはなぜなのだろう？」

と感じている人がなんと多いのでしょうか。

そして、その多くの人が共通しているのは、幼いころから強いストレスの中で育ち、常に心身ともに緊張していたと感じていることです。

こころも体もいつも緊張状態の中にいると、脳は疲労していきます。脳が疲労すると、不安や怒りや後悔を強く意識させていきます。

これは親や家族、身近な人から比較されたり、けなされたり、能力や存在などを否定されることが多かったからかもしれません。

怒りや悲しみ、恨みや妬みなどの感情を身体の奥深くにため込んでいくと、こころが痛むだけでなく、身体にも影響が及びます。

そして無意識がなりたい自分になることを遠ざけてしまうのです。

他者との比較

「姉は整った顔立ちで、性格もよくみんなに好かれているのに、なんで私は……」「成績もよく、スポーツにも秀でて学校でも人気者の兄のようにはとてもなれない」など、自分と誰かを比較して「どうせ私なんか……」「私も容姿や能力に恵まれて生まれていたらもっと違う人生があったのでは」と自分を無意識の中で否定したり、他者と比べて卑下したりすると、何をするにも自分はダメな人間だと思い込むようになります。

人をうらやましいと思ったり、物事を曲げてとらえたり、歪んで考えるなど「ひがむ」ことも多くなるのです。自分の思い込みや偏った価値観で、事実を捻じ曲げて人を恨んだり、過去を後悔するなど本来発揮できる力を邪魔することも増えていきます。

そして、そこに影響を与えているのは、幼いころからの親や兄弟など、身近な人との出来事や影響がほとんどです。

「過去を手放すなんて簡単ではないと思うし、その方法もわからない……でも、このままじゃダメなんです」

しあわせになりたいと願ってあれこれ試しているのに、余計に辛くなったり、家族を憎んだりと現状に追い打ちをかけるように人間関係を悪化させて、私のもとを訪ねてくる人が少なくありません。

過去を否定するエネルギーはとても大きいので、悲しみや憎しみの感情にとらわれると今を生きるエネルギーを失ってしまいます。

否定をして繰り返させない「魔法のおまじない」

脳は、過去・現在・未来の時間の認識ができません。過去に起こった出来事を思い出すと、それがあたかも今起こっているように反応してしまうのです。

すると、過去の出来事なのに、苦しみや悲しみ、怒りや恨みをありありと感じても、こころ体も緊張するのです。

過去に起こった出来事は変えられませんが、あなたの中にある過去へのイメージを変えることで緊張を解放することができます。

過去や現在の出来事に対して、次の言葉を声に出して、言ってみましょう。

《現在》

「きっとこれにも意味がある」

「あの人にも何か事情があるのだろう」

《過去》

「きっとあれにも意味があったんだ」

「あの人にも何か事情があったんだろう」

思っていなくても声に出して言うだけで、「否定をするから繰り返してしまう」を防ぐことができます。

「思えなくてもいいんですか？」とよく質問されるのですが、思おうとすると、自分のこころが反発したり、言えなくなったりするので、まずは、「思えなくても言ってみる」ことが大切です。

声に出して言うことで過去の緊張が解放され始めます。

声に出して言うことで人生が変化し始めるのです。

過去を手放して今を生きる

「家庭の楽学　しあわせ家族ストレスケア講座」の中では、1章、2章でお伝えしたことを受講生に実践していただいていますが、例えば、いい言葉を繰り返すレッスンの中で、その言葉がどうしても言えない人がいます。

「しあわせだなぁといってみましょう」

「…………」

「いいですか、感情は込めなくていいのです。人型ロボットペッパーくんのように、ただ声に出すだけでいい、そう、棒読みしてください」

「…………」

そう言っても、どうしても言えないというのです。

「気持ちは込めなくてもいいんですよ。ただ、ロボットのように声を出すだけでいいんですよ」

「シ・ア・ワ・セ・ダ・ナ」

「そう、それでいいんです。では3回続けて言ってみてください」

「シ・ア・ワ・セ・ダ・ナ　シ・ア・ワ・セ・ダ・ナ　シ・ア・ワ・セ・ダ・ナ」

「はい、よく言えましたね」

このように、**「しあわせだな」「私は恵まれている」などの言葉がどうしても言えない人が意外と多い**のです。

「思えないことは言ってはいけない」「思っていないことを言うのはウソつきだ」という思いが、まじめな人ほどあるのかもしれません。

でも**声にする言葉で自分の脳に、実は「恵まれている現実がまだある」ということに気づかせ、当たり前にしていることに感謝させるきっかけをつくることができる**のです。

今できることに取り組むレッスン

疲労を取り除き、過去の緊張を清算するために、一章でお伝えした、言葉が通じない「脳幹」を元気にするレッスンを、ラジオ体操のように毎日の習慣に取り入れていきましょう。

・口角を上げる
・しあわせ脳幹ブレス法
・しあわせ脳幹セルフストレッチ　・しあわせ脳幹ペアストレッチ
・日常的にできる脳幹を元気にする方法

なりたい人生をつくるにはまず、行動を変えることが大切です。行動が変わらなければ何も変わりません。

声に出す言葉を変えるというのは、行動を変えるということなのです。この行動を変えるということで、なりたい自分に近づいていくのです。

思考が変われば人生が変わると思っている人は、研修に参加したり、本を読んだりして懸命に努力されますが、思考を変えようとするだけでは何も変わりません。

声に出す、言葉を変えるなど、行動に働きかけることでなりたい自分になれるのです。

「これからは自分で決めていい」という気づき

周囲に合わせるのではなく自分の意思を尊重する

円滑な人間関係をつくるためには、自分の意思よりも周囲に合わせることのほうが大切だと思っていませんか？

「家族が喜ぶから」という表面的な言葉の裏に、本当はやりたくないという気持ちが隠れていたり、家族のために自分が犠牲になっていると感じたりしているのなら、もっと自分の気持ちと向き合うことが大切です。

もちろん、家族が喜ぶことが自分の喜びであり、家族の笑顔を見ることで自分のしあわせを感じることもあるでしょう。

それが自分の意思で決めたことであれば問題はありません。

しかし、自分の意思と反して、家族に強制されたり、家族の期待に応えるためだけに行っているとしたら、世代間のストレス連鎖を止めることができないのです。

「したくないのに、やらされている」

「強制的に従わされている」

こう思いながら毎日を過ごすと、知らないうちに脳はどんどん疲弊します。

失敗は許されないという感情が緊張として続くと、自律神経や内分泌ホルモンが崩れて不眠や体調不良に悩まされたり、感情のコントロールができなくなったりもします。

いい人生を過ごすためにとても重要なポイントの1つに、「自分で決める」ことが挙げられます。

他者から強制されることなく、自分の意思で行動できて、こころから楽しいと感じることができるなら、たとえ失敗をしてもそれは経験となるのです。

ところが、小さい頃から、親の顔色をうかがいながら「怒られないように」とか「ほめられるために」とか、「愛されるために」などと過ごしていると、「自分で決める」力が育ちにくくなってしまいます。

そして、挫折など「自分が他者からの欲求に応えられなかった」という経験したときに自己評価は著しく下がり、やがて欲求不満の矛先としてそのような期待をかけていた人たちを否定するようになってしまうのです。

「親のせいでこんなことになった」

「親の言う通りにしたのに、しあわせになれないじゃないか」

「私の人生かえして！」

などの、怒りの感情が沸き上がり、周囲に対して攻撃的になるか、逃避するなど、家庭内暴力や引きこもりの潜在的な原因にもなります。

幼いころは両親のいいつけに従わなければ生きていけないということもあります。

しかし、**大人になったら自分自身で「考えて」「決めて」「行動」していいのです。**

「今まではそれぞれに事情があったのだろう。でも、これからは自分で決めて行動していこう」という気づきが本当の自分の人生を歩きだす第一歩になるのです。

第四章　私という花の育て方

世界に一つだけの花を咲かせよう

あなたという「世界に一つだけの花」を咲かせるために必要なことは、まず植物の根っこにあたる、脳幹を元気にすることでした。

脳幹が元気になると自律神経や内分泌ホルモンのバランスも整い、身体も感情も活性化して日々をイキイキと過ごす原動力となります。

そして、光合成をする植物の葉っぱに当たる、こころ・意識にも栄養が必要で、日々を機嫌よく過ごすためには、適切な受け止め方や考え方のスキルが大切です。

家族や職場、学校や地域のコミュニティーなどで起きる人間関係の問題の多くは、無意識で自分を認めることができないから、他者とのかかわりがうまくいかないということです。

「自分を認める力」が向上すると、周りの人を認めることも上手になります。

いくつになっても「自分は必要とされている」と感じられるような感性は、日々の生活の中で使う「声に出す言葉」を肯定的なものに言い換える技術を身に付けることで、人間関係のなかで育てていくことができます。

自分の意志で決めること、「決めている」という自覚を育てることは、自分の人生に対して責任を持つトレーニングとなり、思い通りにならなかったという体験を、人や社会のせいにするのではなく、すべては必要な経験だったと思える「自立」の力につながります。過去のせい・誰かのせいにしていては、いつまでたっても自分だけの「世界に一つの花」は咲かないのです。

そして、安心を求める本能を満たすために、皮膚や柔らかいものに触れること、「理解してもらえた」と感じることは生命にもかかわるほどの大切な栄養でした。

人の話を聴くときに「共感」してあげられる人は、相手をこころから応援して大きなパワーを送れる力の持ち主なのです。

自分を認める力

　2章でご紹介した食パンやカイワレ大根への言葉かけでもわかるように、自分という花にも、よい言葉をかけることで、すくすくと芽を育てて、色鮮やかな花を咲かせることができます。


　あなたは、子どものころから刷り込まれた誰かの価値観に縛られていませんか？

「こんなこともできなければ、ろくな大人になれないわよ」

「こんなに簡単なミスをするなんてダメじゃないの！」

と、何度も言われ続けているうちに、自分のことを認められなくなって
「あぁ、私は何をやってもだめなんだ」

「どうせ、わたしなんか……」

こんな口癖がついてしまっているかもしれません。

すると、大人になっても自己評価が低く、本来持っている能力を使うことができず、何をやってもうまくかないというパターンに囚われてしまいます。

しあわせになるためには、まず、「自分を認める」、「自分を好きになる」ことが大切です。

自分を認められない人は、他人のことも認められないという特徴があります。

しかし、思い込みを変えるということは、そう簡単ではありません。

「自分のことが嫌いなんです。そして娘を見ていると、自分を見ているようでイライラするんです」

そんな母親に育てられた子どもは、常に人の顔色を気にしながら、本来の自分を見失ってしまいます。

そして、自分が母親になったとき、自分の母親のようには絶対になりたくないと思っていたのに、気がつけば、自分の子どもにも、同じような言葉を投げかけ、子どもを苦しめてしまう家族間のストレス連鎖が続きます。

そうならないように、次の言葉を言ってみてください。

「すでに私は百点満点！　あなたも百点満点！　これから、その百点を大きく育てていくプロセスを楽しんでいこう」

あるがままの「今の自分」を百点と認めることがなりたい自分に向かうスタート地点です。

自己否定の原因は、刷り込まれた誰かの価値観でしかありません。

しかし、その刷り込みが強ければ強いほど、苦しみは大きくずっと続きます。

子どもの頃から親に言われ続けた言葉は、深く脳に刻まれていますが、その思い込みを手放して、大人になってからでも自分を取り戻すことはできます。

その技術が「声に出して言う」ということなのです。最初は思えなくてもいいのです。自分の声で、誰かが刷り込んだ否定的な価値観やセルフイメージを書き換えていきましょう。同じ出来事が起こっても受け止め方が変わって楽になっていくのです。こんな言葉もおすすめです。

「私は誰かを元気にすることができる」

「私は愛される価値がある」

「自分は存在するだけで素晴らしい」


この言葉を言ってみてください。

「こんなので変われるの？」と思われるかもしれませんが、毎日言い続けることで変化が表れるので、ぜひ取り組んでみましょう。

シャンパンタワーをご存じですか？　一番上のグラスを自分だとイメージしてみましょう。

まず、一番上のグラスが満たされないと、次の段のグラスには流れていきません。自分自身を認められるようになると、周りの人たちのグラスをやさしさで満たして認められるようになるのです。

シャンパンタワー

シャンパンが注がれて、一番上のグラスが満たされて溢れると下の段のグラスに流れていき、グラスは次々と満たされていきます。いちばん上のグラスはあなた自身です。あなたが自分を認められるようになると、周りの人のことも認められるようになり人生はやさしさが溢れるようになるのです。

「いいところ探し」で咲き誇る大切な花たち

「家族のいいところを10個以上書き出してください」と受講生にいうと、「3個しか書けません」という声が返ってきました。ほんとうにそうでしょうか。

実は、脳が疲労していると、いいところ探しは苦手になるという特徴があります。

自分自身が疲労していると、家族のやさしさを受け止められなかったり、気づかなくなったりします。それどころか、欠点やよくないところばかりに目がいってしまい、ついつい粗探しをしてしまいます。

小さな子どもがいる家庭のお母さんが一番忙しい夕食時を、ちょっとのぞいて視ましょう。

「ゲームばかりしてないで手伝ってよ！　言わなきゃしないんだから……」

「宿題の字はきれいに書きなさいって言っているでしょう！」

「兄弟げんかをしないで！　2人ともお母さんを怒らせてばかりなんだから」

「早く寝なさい！　明日遅刻するわよ」

お母さんは毎日の子育てや仕事でくたくたになって、家族の優しさをちゃんと受け止められなかったり、気づかなくなったりしがちです。

子どもたちには、お母さんの否定的な言葉が刷り込まれていきます。そして、

「いつも怒ってばかりで、いい加減にしてくれよ」「母みたいにヒステリックな人にはなりたくない」などと、お母さんのことを否定し始めます。

子どもたちが成長し、あのときは、お母さんが疲労する原因がきっとあったにちがいない、何か事情があったのだと思えるようになるまで、苦しい日々が続くでしょう。

脳が元気だと自分や家族のいいところを探そうとしたら、たくさん見つけることができます。

「素直な子だな」「やさしい子だね」「よく笑う子だな」「好き嫌いが少なくなってよく食べるようになったね」と、自分に余裕があると、子どものいいところに気づいたり、いいところを見つけたりしようとする目で子どもや家族と向き合えるようになります。

それでも、どうしてもいいところが探せないときは、

「たくさん頑張ってきたから、私の脳は疲れてしまっているのね」

と、自分自身に共感する言葉をかけてみてください。

脳は共感されると元気になります。自分にやさしくなれると、相手のことにもやさしい気持ちで接することができるようになります。

受講生の中には子どもの頃に、悲しんでいる親に対して
「大丈夫？」と声をかけたときに、

「子どもは心配しなくていいの」

「子どももなんだから黙っていなさい」

と、八つ当たりされたことがあり、それ以来、優しさを表現することが苦手になったという方がいらっしゃいました。

親は子どものことを思って余計な心配しなくていいと言ったとしても、子どもは叱られたと思い、やさしい気持ちを持つことが余計なことだと、幼い頃の体験から刷り込まれてしまったようです。子どもがやさしさを表現したときには
「ありがとう、やさしいね」

と言葉にして感謝することで、子どものやさしい気持ちが育っていきます。感謝は脳を元

気にしてくれます。

脳が元気になると、いいところ探しはきっとうまくできるようになります。

ワーク3

① 自分のいいところを10個書きだしてみよう。

（例）明るい　きれい好き

② 家族のいいところ10個書き出してみよう。
特別なことではなく、日常生活の中から見つけてみましょう。

(例) パパは運転が上手
ママは怒ってもすぐ、機嫌がなおる

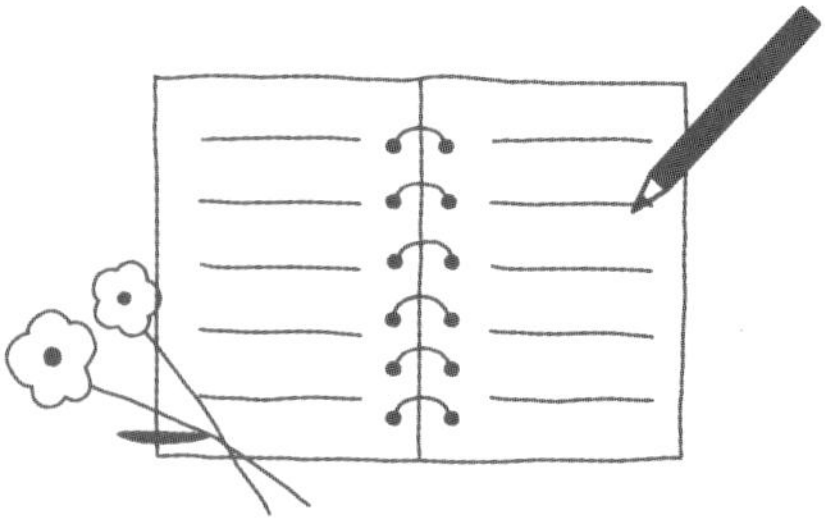

良質な睡眠がしあわせ脳をつくる

「早起きは三文の徳」ということわざがありますが、早起きすると、どんないいことがあるのでしょうか。花が太陽の光を浴びてすくすくと育つように、あなたの脳内のしあわせをつくり出す物質も働き始めます。

早起きしたときの、脳の中のしくみをのぞいてみましょう。

脳内には、セロトニンという神経伝達物質が分泌されています。セロトニンは、こころのバランスを整え、安心感を与えるため、しあわせホルモンとも呼ばれています。

セロトニンは網膜が朝の自然光を感じると分泌されます。セロトニンが分泌されている脳は、しみじみと満ち足りた気持ちになり、精神を安定させる働きがあります。

「朝日がきれい」、「風が心地よい」など日常のささやかなことにしあわせを感じることができます。

まずは、早起きして、自然光を浴び、しあわせを感じる脳を育てましょう。

セロトニンが分泌されると、「少し頑張れば、その分しあわせになれる」と感じることができるのです。

まるで、消えることのない「しあわせなやる気」を生み出す人生の泉のようです。

「早起きしたいのですが、夜、眠れないのです。朝、早起きしたら1日中調子がわるいのです。どうしたらよいでしょうか」

こんなお悩みをお持ちの方も多いのではないでしょうか。

睡眠の質は、脳におおきな影響を与えています。

脳の海馬という部位は睡眠中、活性化して、体験を知識に変換する働きを持っています。アイデアやインスピレーションを生み出すために、夜ごとの海馬の支援はとても重要です。

考えに煮詰まってしまったけれど、一旦考えるのをやめて眠り、寝起きにアイデアが浮かんだという経験はありませんか？

実は、睡眠をとることは、かなり高度で上質な知的行為なのです。

ほかにも重要な役割を促します。骨や筋肉の新陳代謝を促す成長ホルモンは、睡眠中に分泌されています。

また、身体と脳を育てる立役者ともいわれているメラトニンは、成長ホルモンの分泌を促し、海馬を活性化させる働きをします。

良質な睡眠、活性酸素を分解する抗ウィルス作用、老化防止などの役割を果たしています。

早寝早起きをして、質のいい睡眠を手に入れることで、脳の働きがしあわせをつくり出し、賢く育つと考えると、やってみたくなりますね。

早寝早起きをして、脳に十分な栄養を与えることは、自分という花を咲かせるための土づくりと同じです。

「自分は運がいい」と思い込む力

「運」とは、「幸・不幸」などをもたらし、人の力ではどうしようもできない状況を動かしていく作用、巡り合わせのことを言います。

「運ぶ」という字で表しますが、いいことも悪いことも、毎日使っている自分の言葉が運んでくるようです。

日常の言葉に応じた現象や体験が人生を彩るとしたら、自分の言葉に要注意です。

「ついてないなぁ」、「運がない」などと口にすれば、ほんとうに運が逃げて行ってしまうことになります。

「自分は強運だ」と思うことに、根拠は必要ありません。事実を集めて判断するのではなく、「私は運が強い！」と、どれだけ思いこめるかということに尽きるのです。

物事には必ずいい面と悪い面があります。

そのいい面にフォーカスすると、「自分は運がいい」と思えるのです。**根拠はなくても、「自分は運がいい」と思い込んでいる人は、物事をポジティブにとらえ、いろんなことにチャレンジする力を持ちます。**

もし、失敗しても「自分は強運だから、この失敗もきっと自分にとって何かのチャンスになるだろう」と思えるのです。そしてその思い込みも、幼いころからの親や誰からかに刷り込まれたものなのです。

「あなたの名前は強運なのよ」と子守歌のように母親から聴かされて育った子どもは、「何があっても自分は大丈夫、だって私の名前は強運なのだから」と思えるようになります。本人がそう思えば、それはとてつもないパワーを発揮します。

強運だという思い込みを活かして、いろいろなことに積極的にチャレンジすることで、成功体験が増え、どんどん自分に自信がついてきます。

でも、その逆という人もいるでしょう。しかし、今からでも遅くはありません。

「自分は運がいい」と意識的に言ってみてください。3週間意識して言い続けると、脳に新しい思考回路ができて、脳は新しい思考パターンをつくり始めるのです。

「運が強い人」は自分を大切に扱い、自分を大切にする人は他人からも大切にされます。

すると、良好な人間関係を築けるようになります。

美しい花に人が引き寄せられるように、そんなあなたの周りにも人が集まってくるでしょう。

自分の言葉で運を味方につけて、しあわせな人生を育てませんか。

自分で決めると楽しくなる

あなたが「楽しい」ときはどんなときですか？

「束縛がない」、「好きなことをしている」、「やりたいことをやっている」など自由を手にしているときは、楽しいと感じますね。

では、「楽しくない」ときはどんなときでしょうか。

「拘束されている」、「苦手なことをさせられている」、「やりたくないことをやらされている」などがあります。

この2つの違いを比べてみると、楽しいことは、他者から強制されず、自分の意思で行動していることがわかります。

同じ仕事でも、自ら進んで行う仕事は楽しいけれど、上司から命令され、いやいや受けた仕事は辛く感じます。

人間は自分の決めたことで失敗しても、そこから何かを学習してまたチャレンジすることができるようです。自分で決めているという自覚は、何度でも立ち上がる力になるのですね。

ですから、自分で決めたことは、楽しみながら継続することができ、成長や成果にもつながります。

けれども、他者から言われて行ったことで失敗するとその傷は思いのほか深くなります。

「～しなければならない」、「～させられている」と思うと、続ける意欲がなくなり、未

来に対する希望も持てなくなります。

「自分で決めている」という気持ちが不足すると、こころが栄養失調になってしまいます。やってもやってもこころが満たされることはなく、徒労感が襲ってきます。

しかし、自分で決めたことなら、思い通りにならなくても、それは「経験」となり、また次の目標や夢を見るステップになります。

大切なのは他者から強要されることなく、自分の意思で行動する「自分で決める」「決めているという自覚」なのです。

そしてそれは自分に対してだけでなく、子どもに対しても同じです。

「ああしなさい。こうしなさい」と幼いころから言われ続けて育った子どもたちが、中学生のころからそれまでのストレス・うっぷんをあふれさせるように家庭内暴力や不登校・ひきこもりになるケースが昨今ますます増えています。

「子どものために」「よかれと思って」との親が決めたことに従い続けた子どもの溢れ出したストレスが、傍目には問題行動に見えるのかもしれません。

語尾が変わると人生が変わる

講座の中で「今日、家に帰ってやることを5つ書いて2つのパターンで言ってみる」というワークをやってみました。ある受講生の書き言葉と言ったときの語尾を見てみましょう。

最初は「○○しなければいけないんです」と、言っていただきました。

①洗濯物を取り込む　↓　「帰ったら洗濯物を取り込まなければいけないんです」
②風呂の掃除をする　↓　「帰ったら風呂の掃除をしなきゃいけないんです」
③ご飯をつくる　↓　「帰ったらご飯をつくらなければいけないんです」

誰に強要されたわけでもありませんが、やらなければならない義務的な感じが伝わってきます。それほど苦労に思っていなくても、日々の中での口癖になっている人も多いかもしれませんね。

講座では隣席の人と向かい合っての「家に帰ってやること」をお互いの顔を見て言ってもらい、次に、その言葉の最後に「……と決めました」と言う言葉を付け加えて言い直してもらいました。

①「帰ったら洗濯物を取り込むと決めました」
②「帰ったら風呂の掃除をすると決めました」
③「帰ったらご飯をつくると決めました。」

受講生の皆さんは、最初の「〇〇しなければならないんです」のときは顔が下向き加減で、声も語尾が小さく暗かったのに、「〇〇すると決めました」と言っている同じ人の声が少し大きくなって、表情までしっかり前を向いたり、明るくなったりしたことに驚いていました。そして本人も言ったあとに「やってみよう」と、よくわからないけど前向きな気分になれたと笑って話してくださいました。

「自分で決めました」と語尾が変わっただけで、「いやいや」ではなく「楽しく」取り組めそうな気がしてきたというのですから不思議ですね。

そうは言うものの、日常生活の中には自分で決められないこともたくさんあります。

例えば仕事の量が多くて、中間管理職としての苦労も多く、「会社に行きたくないなぁ」

と毎日思っていても、家族のためにも職場に行かなくてはならないと思っている人も多いでしょう。

毎日を一生懸命に働いても、職場には自分の都合で決められないこともたくさんありますので、ストレスを強く感じる人もいるのではないでしょうか。

しかし、その仕事がなくなれば自分の生活に支障が出て困る……という現実があります。

「責任も重いし、中間管理職として気も使うよ。でも仕事があることで生活が安定し、家族が安心して暮らせるんだよね。そしてこの役職だからこそ成長できることがあるに違いない。ようし、どれくらいやれるか自分へ挑戦してみよう」

仕事に行くことは自分で決めているという自覚を持ち、仕事を通して成長してみようという目標ができたら、毎日の同じ環境、同じ時間の中で過ごしても、負担になるストレスはきっと減るのではないかと思います。

それは自立の一歩でもあり、人に振り回されることなく、しっかりと自分の意思や考えで行動することができるようになる大切なことです。

自分の都合や感情で決められないことでも、それを実行しようとすることは自分で決めているのです。「自分で決めている」という意思を持つことで気持ちも行動も明るいほうに変わり始めます。

期待に応えようとしすぎると枯れてしまう花

自分の意思で行動するということは、何をどうしたいのか、自分と向き合うことになります。時には努力が必要で、大変なことや高い壁にもぶつかることもあるでしょう。誰に頼まれたわけでもないので、ほかの人からほめられることも、感謝されることもないかもしれません。

しかし、**自分で目標をもって取り組むことで、ワクワクしながら、楽しく、希望に満ちた時間を過ごせる**のではないでしょうか。

一方、他者の期待通りに生きれば、その都度、他者が励まし、ほめてくれます。一緒に達成感を味わえることもあります。考えることなく、他者の言う通りにすることが楽に感じられるときもありますね。

ところが、他者の要求が多くなると、自分の考えを犠牲にしなければなりません。自分の思い通りにはできなくなってしまいます。**自分らしくいられなくなると、脳は疲弊してしまいます。**

子どもが親の期待に応えようと努力し続けた結果、自分らしく生きることができなくなり、それまでの生き方に疲れ果てて、過食症や拒食症になったり、心身症になったりすることが知られています。

これは、病気になることで過剰な期待や、今取り組んでいる問題にかかわらなくてよくなるというこころの働きや、自分を追い詰めた親や家族など、他人にショックを与えたいという無意識の力も関係しています。

病気の原因は、子どもが、親の期待通りに生きなければならないと思い込んでいることです。いくら有名な医師のもとで治療をしても、この思い込みを手放さなければ、病気を治すことはできません。

親はそのことに気づかず、病気の情報を集め、一刻も早く治して、再び親期待通りの道を歩めるように必死になり、子どもの本当の奥深い気持ちに気づくことができません。

親と子どもは、それぞれ別の人生です。子どもは自分の力で自分の人生を切り拓いてこそ、しあわせになる力は身につくのです。

親は子どもの人生を支配することで、子どものしあわせのレールを敷こうとしがちですが、日々の子どもとの会話を大切にして、温かく見守ることが子どもの成長につながるのではないでしょうか。

親ができることは子どもを信じて、子どもを見守ることです。

「期待すること」と「信じること」の違い

期待するということは、相手が自分の思い通りになることを無意識にあてにすることかもしれません。

ですから、自分の思い通りにならないと「裏切られた」と相手に不信感を抱き、相手を追い詰めたり、責めたりしてしまいます。

そして、相手は、期待に応えたい、喜ばせたいと努力するうちに、言われることに従うほうが楽だと思いこむこともありますが、いずれにしても無意識に自分の気持ちを押し殺していることに気が付いていないことが多いようです。

しかし相手の期待にこたえなければならないという無意識の緊張を常に伴うので、それが続くと過度のストレスとなり、心身共に病を引き起こす原因にもなります。

期待するという言葉に似た「信じる」という言葉があります。

けれども、「信じる」という言葉には双方に緊張はありません。

なぜなら、**「信じる」とは、「自分や相手の可能性や未来を見出す」ということで、結果がどうあれ、結果に一喜一憂するのではなく、体験による自己成長を肯定的にとらえようとする力**なのです。

信じることには根拠はいらないのです。信じられた側は、自分の意思と責任をもって行動することができます。そこには、「〜すべきである」とか「〜しなければならない」というプレッシャーはなく、目標に向かって努力をすることができます。

そして、目標が達成されたとき、信じてくれた人たちに対する感謝の思いがあふれ、自分を認めることができます。

「期待すること」と「信じること」は似ているようで、全く違いますね。

ほめるというパワー

どの家庭でも、子どもの勉強に頭を悩ませている親は、多いことでしょう。

「勉強しなさい！　一流の大学に行けないわよ」

「こんなこともわからないなんて信じられない」

「○○ちゃんはこんなこと簡単にできるのに、あなたはなぜできないの？」

と、子どもを怒る親も多いようです。

子どもが机に向かって、さぁ今日こそ勉強しようと思っていても、こんな言葉を投げかけられては一気にやる気をなくしてしまいます。

脳の海馬は、短期記憶に関係が深く、恐怖や怒りなどのストレスに弱い特徴があります。ストレスを感じると理解できない、覚えられないという結果を招いてしまいます。


「すご～い！　やればできるじゃない」

「もう少しでわかりそうだね。頑張って」

「あなたのペースでやればいいのよ」

と、わざとらしくても全力でほめてください。

子どもは勉強しなくてはならないという気持ちから一転して、勉強してみよう、勉強が楽しいという気持ちになります。

すると、必ず効果がでます。これは、子どもだけではありません。大人にも効果があるので、職場でもやってみてください。脅したり、怒ったり、嘆いたりすることでは効率は下がり、いい結果は出ません。

反対にほめることで成果は変わってきます。

物事に取り組むときは、他者から強要されるのではなく、自分の意思で向き合っているという自覚ことが大切です。

取り組んでいることを否定されると、怒りの感情が沸き上がり、攻撃的になるか、逃避してしまいます。

どんな小さな子どもにも自分の意思があります。自分の意思で物事を考え、それに基づいた行動をすることを学ぶことによって、いい結果を得ることができます。

脳とこころを育てる皮膚《ひふ》

肌は「第二の脳」ともいわれ、肌の触れ合いは人間関係をつくっていく上で、とても重要な役割を果たしています。

２４８年、とても古い記録ですが、ドイツのフレデリック2世が、衛生面や栄養摂取には栄養を与えず、触れたり話しかけたりすることを全くしないで赤ちゃんを育てるとどうなるかという実験をしたところ、50人全員が一歳の誕生日を迎えることなく、亡くなったという話はご存じでしょうか。

それほど、皮膚が触れ合うということは大切なのです。

また、フランスの思想家ミッシェル・セールは「人の魂は皮膚が合わさるところにある」と言っています。

アメリカの心理学者ハーリー・フレデリック・ハーローは、生後間もないアカゲザルを母親から離して二体の代理母をつくり、檻の中で飼育しました。一体は柔らかい布製のものでもう一体はミルクを飲むことが可能な唯乳瓶を備えた針金製のものです。

その結果、アカゲザルの赤ちゃんは、布製の代理母の周囲にいたり、くっついたりすることが多かったと観察されました。生存に必要なミルクと同じくらいに、皮膚が感じるやわらかい感触が、生きるために重要だということがわかりました。

他にもネズミを使った実験があります。群れからネズミを1匹だけ隔離して、においや声も聞こえない状態をつくると、最初に脱毛が始まり、次第に凶暴になっていったそうです。そのネズミを筆で1日1回なでるだけで脱毛した部分から毛が生えてくることもわかりました。**皮膚が「触れ合う・触れ合わない」ということは、生き物にとってとても重要な問題なのです。**

リラックスした状態で赤ちゃんを抱きかかえ、触れ合うことで、赤ちゃんのこころは安定し、脳の発達を促すことができます。

子どもの寝つきが悪いときに、「よしよし」と言いながら、背中をトントンすると、その手のぬくもりと優しい声にこころはゆっくり満たされていきます。

そして、**親子の間にはゆるぎない安心感が育っていく**のです。

親が子どもを抱きしめたり、頭をなでたりすることで、子どもは「受け止めてもらえた」という大きな保護感に包まれます。

また、とても怖い体験をしたり、不安な気持ちになったりしたときに抱きしめられて、皮膚が触れ合うことで緊張がほぐれて心身は安心感に満たされるのです。

皮膚は、「第二の脳」とも呼ばれていて、ホルモンを分泌することができる働きがあり、情緒の安定だけでなく、睡眠の増加、無呼吸発作の減少など、成長にも影響を与えます。

桜美林大学教授の山口創先生は、「温かい人をつくるのは、赤ちゃんの時から皮膚に良く触れることに尽きる」とおっしゃっていて、皮膚がこころと密接なつながりがあることを研究されています。

赤ちゃんは、たくさん触れられることで安心感が育ち、情緒が安定します。すると、自立心も養われ、大人になっても安定したコミュニケーション能力が身についたり、穏やか

な性格になったりします。

大人になって、疲れ果てて帰宅したときに、ペットをなでることで癒された…という経験はありませんか？

そのふわふわとした毛に触れることで、安心感に包まれるという効果がそこにはあるのです。

柔らかい布に触れたり、さする・トントンしたりすることで、安心と保護を求める本能が満たされて、自分自身を癒していきます。

また、マッサージやエステサロンにいって施術を受けることで、気持ちが落ち着いたり、リフレッシュしたりして、同じような効果を感じることがあるようです。

お産のときに助産師さんに背中や腰をさすってもらい、痛みが和らいだ経験がある人も多いのではないでしょうか。

肌と肌の触れ合いは、不安が消え、こころに落ち着きを与え、穏やかな気持ちになります。

こころの触れ合い

自分一人で悩みを抱えきれなくなったとき、聴いて欲しくて話したときに

「それは間違っているよ」

「こうしたほうがうまくいくよ」

「これがいいと思うよ」


と、いいとか悪いとか識別されたりモヤモヤしたり、「結局人にはわかってもらえないんだ」と落ち込んだりしたことはないでしょうか。　ただ話を聴いて、

「そうなんだね……それは苦しいよねぇ」

「大変なんだね……悲しいよね」

などと、うなずいてもらえるだけで、ほっとした安心感が生まれます。

「安心感」は、スキンシップ以外にも、「うんうん」と聴いてもらうことや、共感されることによって「自分の気持ちを理解してもらえた……」と感じることで満たされるのです。

相談されたときに、相手を諭したり、正論でアドバイスしたりせずに共感しながら聞くことで、相手は自分のことを理解してくれたと感じます。

悩んでいるときは脳が疲労し、身体の筋肉が緊張しがちです。そして身体が緊張していると、相手の言葉を受け入れることが苦手になってしまうこともあります。

肩に手を置いたり、優しく背中をさすってあげたりすると大人も子どももリラックスできて、より安心感が高まります。

生きていれば、誰でも傷ついたり、痛みを感じたり、悩んだり苦しんだりします。

そんなときに、誰かに共感してもらえると、自分のこころに寄り添ってもらえたという安心感が力となってまた先に進むことができます。

最終章　しあわせな人生を育てる

「しあわせの方程式」

人生の成功者と言われる人が必ずしも、しあわせであるとは限らないようです。

どんなに資産家でも、立派な会社を経営していても、孤独に苛まれ、しあわせを感じることができないという人はたくさんいます。

成功は偶然のたまものと言われたりもしますが、しあわせは自分自身を育てていくことでしか手に入らないもののようで、

「受験に合格した！　しあわせだなあ……」

「宝くじ一等が当たった！　なんて幸運なんだろう」

と、一時的に浮かれるように喜んでも、時間がたつと日常の中でその気分は変化していくことはよくあります。

もともと幸せという字の語源は「仕合せ」と書くもので、いいことにも悪いことにも一生懸命に向き合っていく中で手にする知恵や育つ人間性を指します。

求めたものがどれだけ手に入ったかということが幸福だと認識している人が多いようですが、このような考え方だけでは年齢を重ねると

「老いたくない。いつまでも若いときと同じように過ごしたい」
「死にたくない。病気をせずに永遠に生き続けたい」
「いつまでも自分の影響力を感じながら、仕事の最先端で走り続けたい」

など、願っても手に入らないものを強く意識することで、しあわせを感じられなくなるのです。

望んだものが手に入ることがしあわせだという価値観は、若いころはイキイキ生きるための原動力になったりしますが、四苦八苦という誰もが避けては通れないという人間の現実を考えると、若いころから育てていかねばならない「しあわせの方程式」というものがあるのです。

過去の出来事について、何年経っても繰り返し愚痴や悪口を言い続ける人がいます。

反対に悔しいことがあっても、それをばねにして未来に向けて声に出す言葉や思考を変えて、今できることに集中して取り組んでいく人もいます。


しあわせとは誰かに与えてもらうものでも、人や物事が思い通りになることでもなく、体験したことに対して自分自身がどんな気づきを持つかで、育ったり枯れたりする花のようなものかもしれません。


人間の生涯を障害物競走としてイメージしたときに、最終ゴールは息を引き取るときではないかと思います。

障害物につまずいて転んでしまい、それ以降、ずっとその障害物があったから自分はうまくいかなかった……と言い続けて拗ねたり、転ばなかった人を嫉んだり羨んでいては、満足できるゴールまで走りきることは難しいように思います。

たとえ転んでも、次の石ころにつまずいたり、穴に落ちたりしないように注意しながら、その先の自分の走り方に活かしていけたら

「あの障害物があったおかげで、その後の満足いく走り方ができた」と、誰とも比べることができない満足感と感謝の気持ちがあふれる「しあわせ」を手に入れられるのではないかと思います。

そしてそれは自分以外の人が苦しんだり、愚かに思える行動をしたりしていたとしても「今はそうでも、きっとこの人も気づくことができるに違いない」と、その人の進化や気づきを信じてやれるという、「人や物事に対する寛容さや、やさしさ」を持つ力にも通じます。そして、この力を身に付けた人は本当の意味でしあわせだといえるのです。

出来事をどう受け止めるかで、感情は変わり、行動が変わります。そして、人生が変わるのです。

脳を元気にする技術を身に付け、体験から気づきを得ようとする、新しいしあわせの方程式を身に付けることで、あなたもこころ豊かな人生のゴールを目指して走ってみませんか？

祈りの力

「祈る」ということは、宗教的なものだけに限りません。

テレビでも活躍されている脳科学者の中野信子先生は著書『脳科学からみた「祈り」』の中で、未来をいい方向に変えようとする「よい祈り」を続けると、人生はいい方向に変わるのだとおっしゃっています。

脳科学的に見ると、自分以外の人のために祈るという利他的な行動の中では、「ベータエンドルフィンやドーパミン、オキシトシンなどの「脳内快感物質」が分泌され、恋愛感情すら上回る「幸福感」が得られるそうです。

そしてそれらは脳を活性化させる働きがあり、体の免疫力を高めたり、記憶力がよくなったりするなどの効果もあるのです。

数々の素晴らしい言葉を残された松下幸之助さんは、「祈りは、自分のこころを清純にして、小知小才に頼らず、素直に、与えられた自分の生命力を完全に生かしきるために行うのだと思う」とも、おっしゃっています。

「祈るという力には様々な現象を引き起こす」

という実験がされ、それが証明されたことをご存じですか？

１９８８年に心臓病の専門医ランドルフ・バード氏によりサンフランシスコ総合病院に入院中の患者３９３人を対象に祈りの力を検証する実験が行われました。

実験の方法は「祈ってもらえる患者」と「祈ってもらえない患者」の2グループに半数ずつ分けて「祈ってもらえる患者」のために、キリスト教徒の人たちが祈るというものでした。

その結果、「祈ってもらえない患者」に比べて、「祈ってもらえた患者」に必要な治療薬は5分の1であり、死亡率も低かったなど、幾つかのいい効果があったというのです。

ほかにも多くの科学的研究が祈りの効果を支持しており、その効果は距離や時間、特定の宗教とは関係がないということがわかりました。

祈るということは、自分のためだけでなく、相手をしあわせにするためにも効果を発揮するのです。

人が成長する速度やその波には個人差があります。幼いころから成長が早い子どももと、ゆっくりすすむ子どもがいるように、大人も同じように、成長が著しい人と停滞期にずっといるように見える人がいるようです。

しかし、人はいつも進化という道のりの途中にいると言われており、どんな体験にも不要なものはなく、その人が気づくための何らかの意味があるということになります。時には身近な人が、はたから見たらハラハラすることや、眉をひそめたくなる言動をすることもあるかもしれません。

自分の子どもや親などの家族や友人が、思うような日々を過ごせずに苦しんだり、悲しんだりしているときには、自分のこころも不安や心配で押しつぶされそうになりますね。

そんなときには、右手で自分の左の鎖骨の下あたりを軽くトントンしながら「**きっと大丈夫**」と繰り返して唱えてみてください。

そして、相手の未来がしあわせなものになっている様子を、ありありとイメージしながら祈りましょう。見ず知らずの人の祈りが、科学的に病状を改善したと言われているのですから、家族や身近にいるご縁が深い人には、必ず効果が表れると信じて、祈り続けてみましょう。

イメージには、現実を計画するよりもはるかに大きな力があると言われています。

まずは3日間祈り、そしてまた3日、続けてもう3日と祈ることで、3か月もすると自分自身の脳にも変化が生じて、いい方向に進んでいると信じる力が育っていくのを実感することでしょう。

たとえ何もできなくても、祈ることは、いつでも・どこでも・どんな状態でも行うことができます。

もしも、年老いて寝たきりになったとしても、誰かのために祈るということが若いときからの習慣になっているのなら、いくつになっても誰かの役に立っているという自覚を得られることで、最後までしあわせを感じることができるのです。

誰かの役に立っている

「ありがとう」「助かったよ」という感謝の言葉を受け取ると、「誰かの役に立ててよかった」と嬉しくなりますね。

それは心の栄養となり、人に感謝されたことで、私たちは自分の居場所を見つけ、「必要とされている」と感じることができます。

実は、脳には自分の行動を評価する部位があり、この部位が「よくやった」「素晴らしい」などと自分を称えると、たとえ人からほめられなくても、大きな快感を得ることができます。

誰かが困っているときに助けたり、手伝ったりしたとき、脳は自分のことを高く評価します。「自分は誰かにとって必要だ」という**自分に対する評価があがり、自分のことを認める力が高まります。**

そして脳は、自分に価値があると認識するとしあわせを感じることができるのです。

しあわせを感じることは成長を促すだけでなく、ストレス反応を弱めたり、情緒を安定させたりする効果もあります。

しあわせを感じることができると、脳は活性化して、イキイキと元気になります。

認知症の症状がある人でも、役割や責任を与えられるだけで、その症状が改善する例が報告されています。

「自分は誰かの役に立っている」「愛されている」という実感が自分の居場所をつくり、しあわせな気持ちになり、それが、生きる力となっていくのです。

逆に、人のことや自分のことを否定する、悪口を言う、自分はダメだと思い込むと、生きる力は弱まり、自分の居場所をなくしてしまいます。

年を重ねると、社会から孤立してどうしても視野が狭くなり、自分のことしか考えられなくなりがちです。自我がつよくなると、人間関係もこじれやすく、周囲から人離れていってしまいます。

しあわせな人生を送るためにと釈迦がすすめた、社会に向けての好意の示し方をご存じでしょうか。

1　やさしい目をする
2　いつも穏やかな笑顔でいる
3　やさしい言葉を使う
4　思いやりを持つ
5　ゆずり合う
6　誰かのために行動する

まず、自分のこころが満たされるように、自分のことを認めて、安心して過ごせる環境をつくり、自分の意思で行動するということを日常生活に取り入れてみると、いつもと同じ出来事でも捉え方が違ってきます。

人はどんな環境に置かれても、やさしい目で笑顔をつくったり、やさしい言葉で思いやりを意識的に表現したりことはできるのです。

感性を育てる

同じ体験をしても、「素晴らしかった」と目をキラキラさせて言う人と、全く反対の反応をする人がいますが、その原因は、それぞれの感性の違いです。

感性とは「体験をどのように感じて意味づけするか？」ということですが、**人生が、自分の感情の積み重ねだとしたら、体験にどんな感情を持ち、意味づけするかという感性を育てることは、とても大切なことになります。**

脳幹が疲労するといいことより悪いことを、恵まれていることよりも不平不満を感じやすくなります。そして過去の喜びや満足よりも、悲しみや怒り、挫折したことによる落胆などの記憶を強く意識することで、心身や無意識を緊張させてしまうのです。

感性を育てるには、体験に対していい意味づけをする言葉のトレーニングと、日常の中で脳幹を元気にするという習慣をつくることがとても効果的です。

「**家庭の楽学《らくがく》しあわせ家族ストレスケア講座**」では、しあわせな人生の育て方を提案しています。

これまでに受講してくださった方の声を少しだけご紹介したいと思います。

《20代の男性》

「講座を聞いているだけで穏やかな気持ちになれました。

私は不機嫌な相手に出会ったときに、「自分のせいなのかもしれない」と考える習慣があったのだと気づきました。これまで、無意識に自分自身を傷つけるような生き方をしてきたのかもしれない……と過去を振り返る機会になりました」

《70代女性》

「これまでの自分の体の不調の大半が、ストレスによるものだと理解できました。

脳幹を元気にするための技術がとても簡単でわかりやすかったです。

脳幹を疲労させないような新しい生活習慣づくりに取り組んでいこうと思いました」

《80代女性》

「大変な世の中だと嘆くのではなく、自分の生きがいや健康、家族のしあわせを言葉にしていくことで、これからも人生を楽しめるのだと学習することができました」

《20代男性》

「こころから思わなくても声に出して言うだけでいい、ということは目から鱗のようでしたが、なんだかとても楽になりました。自分の口ぐせが人生に大きな影響を与えているということを20代で知ることができてラッキーでした」

全4回の講座ですが、「物事のとらえ方が変わった」、「ワークやレッスンを続けていくことで、自分自身の家族とのかかわり方の変化に驚いている」など、たくさんの気づきがあったという感想をいただき、今後のさらなる展開も企画しているところです。

自分のしあわせになる力を育てて、家族や大切な人も笑顔にしてあげて欲しいと思います。

志を持つことで脳が向上する

第一線で活躍されている脳神経外科医の篠浦伸禎先生は著書「脳神経外科医が実践するボケない生き方」の中で「認知症の根っこの原因のひとつは、志をもって生きてこなかったことではないか」と記されています。

篠浦先生が示されている「志」とは、趣味や夢を超えた「過去の強いこころの痛みを伴った経験と、そこで出会った予期せぬ温かい経験から発生した、社会に役立つことをしようという強い目的意識」という意味です。

我慢強く、信念を貫き、やり抜こうという姿勢こそが、脳の機能を向上させていつまでも元気でいられる秘訣であり、志を持つことができたら、認知症にもなりにくく、人生を動かすエンジンとなっていくとのことです。

定年を迎え、退職をしたら旅行がしたい、花を育てたいなど自分の趣味に没頭したいという人はたくさんいます。

しかし、やっと自由な時間が持てたと、初めのうちは楽しんでいても、社会との接点が少なくなると、物足りなさを感じるという方がたくさんいます。

私たちはたった一人で幸せを感じることはむずかしいようです。**仲間と支え合ったり何かを乗り越えようとしたりすることでこそイキイキと生きることができるのです。**

だからこそ、いくつになっても必要とされる居場所が必要となり、若い人も年配の人も、誰もが誰かの役に立つ社会が望ましいのではないでしょうか。

自分一人ではなく、たくさんの人としあわせを共有することで自立して、イキイキと生きることは、これからの時代の新しい価値観なのかもしれません。

そして、世の中や未来に不安を感じることが多いこの時代に、支え合える仲間ができれば、こんなに心強いことはありませんね。

志を持って、社会の中に自分の居場所をつくっていくというのは、上手な年の重ね方の大きな秘訣と言えるようです。

NPO法人きゃんどるハートは、少子高齢化、ストレス社会、核家族化といった現代社会の問題やライフステージに合った家庭の在り方を共に考え、**「しあわせ家族はお母さんの笑顔からはじまるのです」**を理念に、助産師、看護師、ストレスケアカウンセラー、保育士から先輩ママで、たくさんの人々の力を活かしてしあわせな家族をつくるためのサポートを行ってきました。

母親たちがホッとできて自分を取り戻す場所は、それを支える人たちの居場所でもありました。スタッフは、ただ寄り添うだけでなく、自分の持っている技術を活かして、新たに勉強して、身近な人々の役に立ちたいという思いを、大きなエネルギーに変えてイキイキと活動してこれました。

地域に根差した活動が広がっていき、もっと活動の幅を大きくしていくべきではないかと思っていたときに出逢ったのが、NPO法人ニッポン・アクティブライフ・クラブ（通称ナルク）です。

高齢者が活躍しているナルクでは、20年以上前から超高齢社会に備え、高齢者が自立した生活を送れるように、行政だけに頼らず、「できることを・できるときに・できる方法で」

困っている人を助け、困ったときには助けてもらうという独自の「共助」の仕組みで、全国にネットワークを広げています。

所属しているメンバーの高齢者が、ほかのメンバーに、自分が得意なこと、できることで手助けすると、ポイントが貯まります。そのポイントは自分が必要なときに使うことができますが、三万ポイントも貯めた人がいました。1時間1ポイントですから3万時間を誰かと共有したことになります。

それはポイントを貯める人の生きる目標や、自分が役に立ったという達成感や誇りでもあり、充実した生活を送るための原動力になっていたのでしょう。

自分のできることで社会貢献しようという志が生きがいとなり、毎日を楽しむことができているのです。

高齢になっても、自分がサポートを受けるだけでなく、誰かの役に立つことができる場所があるということは、イキイキと輝いて生きるための大きな要因となります。

それぞれ年齢も環境も違う人たちが、志を1つにして巡り逢い活動していくことは、人生におけるかけがいのない財産となるでしょう。

ＮＰＯ法人きゃんどるハートでは、日本全国で展開されているナルクの佐賀県支部を、２０２２年７月に立ち上げ、活動を開始いたしました。

今後ナルク佐賀では、これまでの活動に加えて、高齢者だけでなく、若い世代を巻き込んで、誰かのために役に立ちたいという気持ちを自分自身の未来へのエネルギーにしていくという新しい活動にも取り組むことで、地域社会への貢献と展開を臨んでいきたいと考えています。

あとがき

最後まで読んでいただき、ありがとうございます。

「人は幼いころの環境の影響を、その後の人生に反映させてしまう」のだということを、たくさんの方々とのストレスケアカウンセリングの現場の中で私は驚きをもって感じてきました。

特に親とのかかわりの中で生じる緊張や感情は、呪いのような大きな力となって，こころや体を弱らせたり、大人になってからの身近な人間関係を難しいものにしたりします。

「しあわせな人生を送りたい」

と願いながら、人間関係に苦しむ人や

「この子にはしあわせになって欲しい」

と思いながら、自分が何をしたらいいのかと悩む母親たちも見てきました。

しあわせになるには、日々の生活の中での考え方や、声に出す言葉、そして自分のこころと体を元気にする呼吸法やリラクセーション法を知ることが大切だということを、「家庭のストレスケアステーション」から発信しています。

子どもから高齢者まで、不機嫌な人が増えているなあ……と私は感じていますが、おとなの機嫌がいいと、子どもはそれだけでうれしくなります。

子どもの願いはお母さんが笑顔でいてくれることです。お母さんが笑顔でいてくれるなら、それだけで子どもは温かい気持ちになれるのです。

そして仲のいい穏やかな家庭に育つ子どもの人生は、大きな幸福感に満たされることでしょう。

とはいえ、大人の毎日にはストレスがたくさん溢れています。不機嫌になるのも、きっと「事情がある」のです。

「機嫌がいいフリ、から始めてくださいね」

「こころは込めなくてもいいから声に出す言葉に注意しましょう」

と、受講生の皆さんに私はよくお伝えします。最初はみなさん

「えっ！　こころにもないことを言ってもいいんですか？」

と驚いたりされますが、人生を変えたいなら言葉と表情と行動でなりたい自分を表現することがとても大切だということを、実践していく中で気づいてくださいます。

講座の中で私が特に伝えたいことは「家族の悪口を言わない」ということです。いっしょに住んでいる家族はもとより、事情があって離婚したとしても、父や母、祖父母や兄弟など、子どもにとっては自分と同じ遺伝子が入っている肉親を悪く言われると平気な顔をして聞いていたとしても、子どもは深いところで傷ついています。

そして子どもたちは成長し、思春期以降になると、親を尊敬できなくなったり、家族のことをストレスに感じたりするようになるようです。

尊敬したい親を憎んでしまう自分自身に自己嫌悪の気持ちを抱いてしまうことに悩む人も多く見てきました。

言葉は本当に人の人生に深く大きな影響を与えてしまうのだと思います。

でもたとえ過去にどんなことがあったとしても、いくつからでもそれをばねにして成長させることはできます。それには脳を元気にするという視点がとても大切で、こころだけにアプローチするのではなく、言葉が通じない脳幹を元気にすることが日常の習慣になれば、毎日を機嫌よく過ごすことが少しずつ上手になっていきます。

家族に対してしあわせを願うばかりに、特に子どもに対しては、言い聞かせることで自分の最善策を伝えようとしがちですが、ある程度の年齢以上になると、それは本人にとって余計なおせっかいでしかないことが多々あります。そんなときに親は

「きっとこれにも意味がある」
「なにか事情があるに違いない」
「みんなしあわせになりつつある」

と声に出して言うことや、

「これからみんなが成長していくことで、家族がもっとしあわせになれますように」

と、祈ることで、未来を明るいものにしたり、自分自身の不安を克服したりすることができるのです。

NPO法人きゃんどるハート「産前産後サポートステーション」を立ち上げ、「家庭の

楽学　しあわせ家族ストレスケア講座」を始めると、多くの人との出会いがあり、皆さんの力が集まって活動が広がっていきました。

本著を通じての、皆様との出逢いも私にとって大切な宝物です。

読者の皆様にとって、まず、自分がしあわせだと感じて、その輪をどんどん広げるきっかけになればこんなにうれしいことはありません。

最後になりましたが、私たちの活動を支えてくださるすべての人々にこころより感謝申し上げます。

永瀬　千枝

参考文献

「子どもの脳を傷つける親たち」　ＮＨＫ出版新書　友田明美
「その育児が子どもの脳を変形させる」　ＰＨＰ研究所　友田明美
「親の脳を癒せば子どもの脳は変わる」　ＮＨＫ出版新書　友田明美
「すべて疲労は脳が原因」　集英社新書　梶本修身
「21世紀に生きる　家族のしあわせ」　ラピュータ　美野田啓二
「ラク女子」　ラピュータ　美野田啓二
「子育てで一番大切なこと」　講談社現代新書　杉山登志郎
「皮膚は心を持っていた」　青春出版社　山口創
「子どもの脳は肌にある」　光文社　山口創
「毒親」　ポプラ社　中野信子
「脳科学から見た『祈り』」　潮出版　中野信子
「脳神経外科医が実践するボケない生き方」　ディスカバー・トゥエンティワン　篠浦伸禎
「言葉があなたの人生を決める」　フォレスト出版　苫米地英人

◆NPO 法人 きゃんどるハート 本部
◆家庭のストレスケアステーション
https://candle-heart.com/
※「家庭の楽学 しあわせ家族ストレスケア講座」はオンラインで受講できます。
〒849-0111 佐賀県三養基郡みやき町白壁 1074-3
市村清記念メディカルコミュニティセンター 2F
TEL:0942-50-5602
(月～金　9:00-17:00 土日祝休み／・祝日・お盆・年末年始除く)

◆産前産後サポートステーション
https://candle-heart.com/station
〒849-0111 佐賀県三養基郡みやき町白壁 2470-2 四季彩の丘みやき
TEL:0942-80-1023
(月～金　10:00-16:00 土日祝休み／祝日・お盆・年末年始除く)

◆子育て家庭サポートステーション「にこにこ」
https://www.kosodate-ss.net/
〒849-0111 佐賀県三養基郡みやき町白壁 1074-3
市村清記念メディカルコミュニティ 1F キッズスペース内
電話 090-8299-4399　090-8299-4189
開場：9:30～16:30
(第 1・第 3 土曜日休み／日祝日・お盆・年末年始除く)

◆地域子育て支援拠点「るんるんひろば」
https://www.kosodate-ss.com/
〒849-0122 佐賀県三養基郡上峰町大字前牟田 107-2 おたっしゃ館内
電話 0952-37-7619　携帯 080-5750-4885
平日 9:00～16:00　土曜日 10:00 ～ 16:00
(第 2・4 土曜日休み／日祝日・お盆・年末年始除く)

◆NALC さが
https://www.nalcsaga.com/
〒849-0111 佐賀県三養基郡みやき町白壁 1074-3
市村清記念メディカルコミュニティセンター 2F
NPO 法人きゃんどるハート本部 内
TEL 0942-50-5602
(月～金　9:00-17:00 土日休み／・祝日・お盆・年末年始除く)

著者略歴

永瀬　千枝（ながせ　ちえ）

佐賀市在住・福岡市生まれ
「脳と心を楽にする　しあわせ家族コンサルタント」

（公社）全日本能率連盟認定マスターマネジメントコンサルタント J-MCMC19043／NPO 法人きゃんどるハート理事長／ソフィアコンサル株式会社代表取締役／医療法人謙親会理事／佐賀県長寿社会振興財団ゆめさが大学非常勤講師
職場の活性化にはストレスと上手く関われる心身のリラクセーションとストレスマネジメント力が不可欠として夫のクリニックにストレスケア研修を導入することで職員の定着率を劇的に上げることに成功。

BTU ストレスマネジメント研究所久留米所長として、看護師をはじめとする医療関係者らを中心に、ストレスケアカウンセラーの人材育成や研修を多数手がける。

2015 年に NPO 法人 心ゆるり（現きゃんどるハート）産前産後サポートステーションを設立。

産後の母親をストレスケアカウンセラーと助産師・みやき町（佐賀県）の三者で支える全国初めての NPO 法人としてマスコミにも取り上げられる。

市村清記念メディカルコミュニティセンターみやき「家庭のストレスケアステーション」から「家庭の楽学　しあわせ家族ストレスケア講座」を発信中。

しあわせな人生の育て方

2023年1月20日　初版発行

著　者　永瀬　千枝 © Chie Nagase

発行人　森　　忠順

発行所　株式会社 セルバ出版
〒 113-0034
東京都文京区湯島 1 丁目 12 番 6 号 高関ビル 5 B
☎ 03（5812）1178　　FAX 03（5812）1188
http://www.seluba.co.jp/

発　売　株式会社 三省堂書店／創英社
〒 101-0051
東京都千代田区神田神保町 1 丁目 1 番地
☎ 03（3291）2295　　FAX 03（3292）7687

印刷・製本　株式会社丸井工文社

Printed in JAPAN
ISBN978-4-86367-792-0